近藤勝重流　老いの抜け道

近藤勝重

GENTOSHA

ぼくら次第で何とかなるものは何とかしませんか
――「はじめに」に代えて

老化。「年をとって体がおとろえること」と手元の辞書にはあります。確かに年とともに肉体の衰えは感じます。ですが、それも人それぞれでしょう。

そもそも老化そのものが医学的にも生物学的にも十分解明されていないのです。生体機能の低下だってみなに等しく起こる単一な現象じゃない。その原因も特定の遺伝子説、活性酸素説、免疫機能低下説……と諸説あり、さらに近年は死ぬことなく増殖する有害な老化細胞説の研究が話題になるなど、老化は「現代科学の最後の難題」とおっしゃる免疫学者もいるほどです。

ですから、65歳以上を老人といっていた行政も、高齢者と言いかえています。

ただし、これについても日本老年医学会などは最近の高齢世代における運動、生活、知的機能面での若返りを根拠に、「高齢者の区分は75歳以上に」と提言しているほどです。

さて、そうだとしますと、老いというのは決められたコースをたどるのではなく、実に多様なわけです。老いの道もその人の個性に左右され、同じ年齢だとしても特定の道などないということになります。

ぼくが選者役になり毎日新聞(大阪)とMBSラジオ「しあわせの五・七・五」との共催でやっている「近藤流健康川柳」にこんな作品があります。


おどろきの声が先出る同窓会　　パンちゃん

ぼくは50歳過ぎに胃がんを患っています。そのときつくづく実感したのは、心で起こる体の病です。当時はとにかく多忙で、頻脈や血圧の急上昇に見舞われたり、自律神経がおかしくなるほど気持ちは不安定でした。それら胃への影響ががんになって現れたのも無理からぬ状況でした。がんで倒れて初めてアホさ加減を思い知らされたのと同時に、気持ちをどう保ち、いかに整えるか、その大切さに気づいた次第です。

タイトルにある〝抜け道〟に肉体的な若返りを目指すアンチエイジングを想像される方がいらっしゃるかもしれませんが、ぼくが本書でこだわったのは気持ちのありようです。年とともに肉体が衰えていくことはやむをえないとしても、ぼくら次第で何とかなるものは何とかしたい。例えばふだんの心の持ち方などですね。年齢を老い払い、いや追い払い、みなさんそれぞれ自由に生きられる道を求めていただきたいと思います。

要は人生、心ひとつにかかっている——本書はそんな思いで書き下ろした一冊です。

〝抜け道〟には暦年齢によるありきたりな老年観から抜け出したいという願いを込めました。道々の先々には川柳を配しています。川柳は狂言や落語などと同じく、笑いとともに人間の生き方を再発見させる力を有しています。年齢とともに起こる精神の変化を描出したものは示唆的です。老いの抜け道の心の杖としてお役立てください。

かつ本書では先人の言葉や今もお元気で活躍中の方々の生き方などにもふれますので、それぞれのマイ・ウェイを切り開く参考にしていただければ幸いです。

著者

近藤勝重流　老いの抜け道　目次

装丁　芥　陽子
装画・題字　上路ナオ子
DTP　河野真次

#「老いる」とは希望のマイ・ウェイを「考える」こと

古くなるのもいいものだ

元号、令和の出典が万葉集というので、ぼくも本棚から知人の万葉学者、上野誠さんの著書『みんなの万葉集　響きあう「こころ」と「ことば」』を取り出してめくっているうち、心に響く2首に出会いました。

冬過《ふゆす》ぎて春《はる》し来《きた》れば年月《としつき》は新《あら》たなれども人《ひと》は古《ふ》り行《ゆ》く
物皆《ものみな》は新《あらた》しき良《よ》しただしくも人《ひと》は古《ふ》り行《ゆ》く宜《よろ》しかるべし

1首目は年は新しくなるが、人間は古くなっていくと歌い、2首目では、しかし古くなるのもいいものだと受けています。奈良時代末期に成立した歌集ながら、老いと人生を今に通じる感覚で歌っているではないですか。いや、驚きました。良くしたもので、若い頃にはよくわからなかったこともやがてはわかるようになる。年とともに重ねた経験で、物事への理解も進む。作者は未詳ですが、人生の名歌だと思います。

オイルショックと聞くとトイレットペーパーの買いだめ騒ぎなどが頭に浮かぶことと思いますが、1973（昭和48）年の第4次中東戦争でアラブ産油国がとった石油戦略の影響を受け、一時的にしろぼくらの生活も混乱しました。

今、このオイルショックを必ず来る「老いるショック」と言いかえているのがイラストレーターのみうらじゅんさんです。当人が「老いるショック」を感じるにはまだ間があリそうですが、ぼくはすでに実感中です。君にはわかるだろう、とばかりに「肩がコキコキ鳴る。ついに古稀だ」と賀状に書いてよこした友人もいます。

古稀。ご存じと思いますが手元の辞書の説明を記しておきます。〈七〇歳のこと。中国、杜甫の詩句「人生七十古来稀なり」から〉

ついでながらの話ですが、歌手の五木ひろしさんが70歳になった頃、TBSのラジオ番組でご一緒し、「五木じゃなく『古稀ひろし』に改名したら」というと、五木さん、後ろにのけぞって笑っていました。

暇のある老年ほど喜ばしいものはない

それにしてもさすがに70歳になったときは、残された日々をどう生きるか、と改まった気持ちになったものです。藤沢周平さんの『三屋清左衛門残日録』を精読してみたり、少々思うところがあって、古代ローマの哲学者であり政治家のキケローが人生と老年を語った『老年について』(岩波文庫、中務哲郎訳)を再読してみたりしました。

古代ローマ精神の再興を提唱した政治家大カトーが、2人の若者に自ら到達した老境を語る形式で、世の中の老いへの見方に反論を加えてみせます。

「老」「考」一体の論考で、老人が惨めだと思われる4つの理由①公の活動ができなくなる、②肉体が弱る、③快楽が奪われる、④死が近付く――を大意として挙げ批判しているのですが、例えばいささか気になる③はこうです。

「しかし老年にとって、いわば肉欲や野望や争いや敵意やあらゆる欲望への服役期間が満了して、心が自足している、いわゆる心が自分自身と共に生きる、というのは何と価値あることか。まことに、研究や学問という糧のようなものが幾らかでもあれば、暇のある老年ほど喜ばしいものはないのだ」
④の死についてはこう反論しています。
「死というものは、もし魂をすっかり消滅させるものならば無視してよいし、魂が永遠にあり続ける所へと導いてくれるものならば、待ち望みさえすべきだ。第三の道は見つけようがないのだ」

割り切る大切さを教えられる感ありです。

「考」と「老」の密接な関係

人生とは、読んで字のごとく、人として生きていくということでしょうか。年を重ねるに伴い、そうですね、日が落ちるまでの午後の風景を見ているような感を覚えるというか、目にするもの、耳に入ってくるもの、皮膚にふれて感じるもの……と五感すべての味わいがしみじみとしたものに変わります。

散歩をしていても、ふと道ばたの草花や、建物の隙間の野の花に目を留めることがあり、そういう花にこそ生命力を感じたりしつつ、自らの命を実感して、己が何者かも少しはわかってきて、これからがいよいよ人生かなと思ってみたりもするのです。

そんなある日のことですが、考えるの「考」と「老」は似た字だなあ、と気になって、辞書で字源などを当たりました。すると、似ているどころでなく、「考」

には「腰の曲がった老人」とか「曲がりくねりつつ、奥まで思い進むこと」の意があり、何とそのまま「老」に通じているではありませんか。

長寿、長命を「寿考」といいます。ついでながら、亡父を「先考」といいますし、先生は「老師」、老練な人は「老手」と表わします。考えるということと、敬老ということが一体になっているのです。

人生はひとつながりです。生も死も、それは時間の流れとともに連なっています。

生死一如《しょうじいちにょ》。生きてゆくぼくは死んでゆくぼく。そのことは疑いようもないことですが、死は他人の死をもって理解するほかはなく、その限りにおいて生死一如も生と死の対照の妙による抽象的な表現です。

確かなことは、今日という一日とともに、ぼくらは在るということ、そして人として生きる人生において、一番若いのが今日という一日だということです。

「今日は私の残りの人生の最初の日」ともいわれるゆえんですね。

そうして一日また一日と生きつつ、願わくは希望のマイ・ウェイへの道へと歩を進められないか。以下、いろいろ考えてみたいと思います。

70歳が「若い！」といわれるそのわけは

人の名前が出て来なくても心配いらない

いつの間にか過ぎ去った1年を振り返ると、365日をいちどきに使った感さえ覚えます。何と贅沢な、と思いたいところですが、原稿を書きあぐね椅子をゆすっていただけじゃないのか、と問う自分がいます。そして、ああ情けなや、と無常迅速の理を思い、自省するんですね。

あっという間の1年については、大人の場合、新しい体験に乏しいせいだといわれています。乏しいと、どうしても時間はすっと流れて行きます。比して子どもは、毎日が新しい出来事です。それに伴う情報の密度も濃いので、時間もゆっくり流れているんだそうです。

人間のありようはうんとさかのぼって考えなければならないわけですが、原始時代、他人の顔や動物の姿は、ちゃんと覚えておかなければいつ襲われるかわからない危険がありました。

ところが名前は太古の昔はなかったわけだし、人間が生きていく上でどうしても必要なのは映像の方でした。その点で、名前や文字の方が忘れやすい、どうもそういう説が有力です。持つ意味合いが違うのですね。

しかしぼくたちはややもすると、人の名前が出て来ないことを深刻にとらえてしまっています。これはほとんど心配無用です。映画を見たりドラマを見たりしても、見たこと自体を忘れてしまったのなら、ちょっと考えないといけませんが。記憶にかかわることでいえば、例えば彼女から初めてラブレターをもらったというようなエピソード記憶は、側頭葉に長期記憶として半永久的に保存されます。

このほかにもうひとつ、意味記憶があります。脳科学者によると、それは言葉として一定期間、海馬に保存されていますが、不要となると、ほどなく消滅するということです。学生時代の一夜漬けの試験勉強などはその例に該当するそうです。

昔を懐かしむことの効用

ところで、体験に伴うエピソード記憶は折につけ頭に浮かんでくるものです。

戦前、戦後でエピソード記憶の内容は大きく異なるでしょうが、昭和のあの頃、何を追いかけていたかといった思い出などは、すぐ浮かんでくるのではないでしょうか。

ぼくには流行歌が忘れられません。『昭和歌謡は終わらない』という本を出したくらいですから。いってみれば、昭和歌謡と一緒に、今もって昭和のあの頃を追っかけているんでしょうね。

歌には歌われた時代への回路があります。耳にすればたちまちその時代に返る。またそこから現在の自分の姿を見つめ、そこに幸せを感じたりもするものです。

昔を懐かしむというと、何か後ろ向きの印象を与えがちですが、決してそうではありません。ひたむきに生きたあの時代の自分を振り返りつつ、お父さんたちは、さァ、また歩くか！　と自らに言い聞かせているのではないでしょうか。

日本文学のおそらく最高峰の方、作家、古井由吉さんの小説『この道』は日々に深く分け入る氏ならではの表現で老いの身を描出していますが、ぼくがなるほどなあと思ったのは、その本に所収の短編「その日のうちに」の次の言葉です。

「青年と熟年と老年とがひとつになって在ったのではないか」

ギリシャ神話のオイディプース王の悲劇を引いての言葉ながら、「常人にとってもそんな一日はあり、やがて忘れてはまためぐってくる。昔の今日が現在《いま》の今日にそのままつながる」と続けています。

これは老いゆく人の大きな特徴です。現在と過去がすぐひっつくのです。楽しかった。わくわくした。胸がときめいた。いい思い出は辛い現実があったとしても、今昔の感に打たれつつそれを忘れさせてくれる力になります。

後ろ向きというのは否定されがちで、生き方と一緒にいわれるとうなずくほかありませんが、振り返るって悪いことじゃないのです。繰り返すようですが。

加齢を前向きにとらえる人は長生きする

動物行動学者のデズモンド・モリスの名著『年齢の本』でこんな話を読んだ記憶があります。

92歳の男性が目の前を行く美しい娘を見て、思わずため息をついて、「もう一度70歳になれるのなら、何でもくれてやるのに！」といったという話です。ときどきこの話を70代の人に披露すると、どなたも大笑いしてくれます。

ぼくなりに考えて、ここにはふたつの意味があります。ひとつは、92歳でも気持ちは老いておらず、異性への関心も絶ち難くあるということです。

97歳になる瀬戸内寂聴さんが長寿の秘訣について「おいしいものをいただいて、

ちょっと恋心があればいいの」と過日のテレビで話していました。

もうひとつは、92歳から見れば、70歳なんてまだまだ若い。何にでもトライできる年齢だということ。そのふたつです。

ぼくは中年期の後輩によくいうんです。「えっ、50歳？　ピカピカのダイヤモンドだよ。今なら何にでもチャレンジできるぞ」

本当にそう思います。ですが、自分が50歳のときどうだったかというと、もうそんな年かとけっこう黄昏《たそが》れていました。今思うとバカでした。年齢はその年齢のときにわからなくても、過ぎてみて初めてその年齢の価値がわかるもんなんですね。

目下、70代前半ですが、そういうこともわかってきて、老いてきたからといって、心をむなしくして人生を生きてどうする、人生はこれからだという思いが一層強くなっています。

ちなみに年齢には暦年齢、生物学的年齢、心理的年齢の3つの基準があって、このうち一番あてにならないのが生年月日による暦年齢で、体の状態による生物学的年齢が有効なようだ、と米国の著名な医師、ディーパック・チョプラ氏の著書『エイジレス革命』にあります。これは多くの医学者と共通する見方で、信じていいことだと思います。

そうそう、83歳で亡くなった俳優の高倉健さんとは親交があり、こんな言葉を彼がもらしていたのを覚えています。

「80歳を過ぎても、まだ若い気でいるんです。映画だって何本か撮れますよ。ですけど、年齢が記事などに書かれると、その印象で見られるんですね。歳を隠す気はありませんが、ちょっと辛いものがあります」

以前『ニューズウィーク』誌(日本版)の医学記事を読んでの記憶ですが、エール大学でしたか、50歳以上の人々を対象に追跡調査を実施したところ、加齢を前向きにとらえる人はそうでない人より平均で7年半近く長生きしたそうです。

自分はまだまだ若い、人生最良のときはこれからだと信じ、それ相応の健康法を心がければ、案外期待できるかもしれませんよ。

それに関連して思い出すのですが、聖路加国際病院名誉院長だった日野原重明先生は、ギリシャ語の「エートス」には「性格」と「習慣」という両方の意味があって、心の習慣、つまり物事をどう考え、感じるかという「習慣」が「性格」になる、とおっしゃっていました。そうなんです。肉体は衰えかけても心が若ければ、性格に反映され、いきいきと生きられるのです。

老いの抜け道のヒントになりそうですね。

「一瞬のハッピーがあったら、また走れるよね」

胃がん手術後に感じた変化

50過ぎに胃がんになったと〈「はじめに」に代えて〉でふれました。当時、「サンデー毎日」の編集長だったのですが、入院する前、このまま仕事に復帰できなかったら……と思ったとき、こんなことを心に抱いていました。

どちらかの海辺の別荘を借り受け、犬と一緒に住みたいな――。

幸い早期のがんでした。手術をしてくれた先生が切り取った半分ほどの胃袋を広げて見せて、こういってくれました。

「現場に復帰できる手術を心がけました。リンパへの転移もありません。抗がん剤も不要です。いいお仕事をなさってください」

入院前に案じたことが杞憂に終わると、ぼくという人間が瞬時に変わっていくのが自覚できました。病院の外の風景がまるで違って見えるのです。目に映る遠くの自然や近くの建物、人々の様子……。いつも目にしているごく当たり前の風景が何だかまぶしく、見入ってしまうんですね。

話が後先になりますが、胃の異変は会社の前に横付けされたレントゲン車で検査を受けてわかりました。社の診療所から「要精検」の結果を知らされましたが、東京に単身赴任の身でしたので、大阪の住之江にある浜崎医院院長（当時）の濵崎寛先生に診てもらおうと帰阪しました。

以後数ヶ月、精密検査のほか、入院先の総合病院や手術をしてくださる大学病院の先生の紹介まで濵崎先生にはお世話になり、今もいろいろ面倒をおかけしています。

ぼくが大阪の毎日新聞社会部にいた時代、当時大阪市住之江区医師会長だった濵崎先生が医師会をまとめ、大阪市・区役所、さらに住民組織の地域振興会にも協力を求め、1988（昭和63）年から6年間、大腸がんの集団検診（便潜血反応検査）を実施していらっしゃいました。その折、取材も兼ねて浜崎医院に足を運んだのが縁です。

ここで先生がまとめられたその集団検診の結果を報告しておきますと、住之江区内の住民（対象約3万9千人）で検査を受けた延べ約3万人のうち168人からがんを発見、進行がんの患者も61人いたとのことです。

うつうつとしたら遠くを見よ

毎年2月に開催している「大腸がん死亡ゼロを目指して」（毎日新聞社主催、大阪府、大阪市、大阪府医師会後援）のシンポジウムも、先生が先頭に立って始めた医師会、行政、住民組織の3者連携による大腸がん集団検診（住之江方式）がきっかけです。

ぼくは専門医の基調講演のあとに行うパネルディスカッションのコーディネー

ターを務めていますが、あれは2016年、10回目の年だったでしょうか、会場の控え室に入って来た濵﨑先生が毎日新聞朝刊（大阪）一面に毎日1句掲載の「健康川柳」にふれて、「今日のあの川柳、あのとおりやな」とあいさつ代わりのようにおっしゃいました。

病窓に冬は越したと日差し言う　　田原勝弘

入院中の患者さんが窓から差し込む日差しに一陽来復の春を感じ取ったんでしょうね。「健康川柳」はぼくが選者を務めているので「近藤流」と断ってあります。検査で問題なかった患者の胸中を詠んだこんな作品もあります。

結果聞きほっと一息窓の外　　羽室志律江

『幸福論』で知られるフランスの哲学者、アランの言葉に、「きみ自身のことなど考えるな。遠くを見よ」というのがあります。うつうつとしている人間は、とにかく遠くを見なさい。人間の目というのは近距離を見るようにはできていない。広々とした空間に目を向けてこそ人間の目は安らぐのだ、というわけです。

がんを患って以後、ぼくは東京湾岸に引っ越しました。富士山が望めるとかいったことより、とにかく海と空さえ眺められたらという思いでした。自分でいうのもなんですが、盛り場大好き人間のこの変わりように、がんから別の人生をいただいたようにさえ思えます。

「一瞬のハッピー」と1センチ足らずの幸せ

空といえば、「健康川柳」ではこんな句を思い出します。思い出して胸で泣きます。ひと頃、ぼくと机を並べて大阪版の特集ページを作っていたアルバイトの主婦ですが、悪性の胃がんで亡くなりました。やせこけた体で川柳の集いに「近藤さーん」と笑顔を運んでくれたことがあります。彼女は「リコピン」の名でこんな句を詠んでいました。

空が見たい洗濯物を隅に干す

一時帰宅を許されたときの作品です、と電話口で話していました。

先に紹介のアランをはじめ、古来、「幸福論」は数々ありますが、ストンと胸に落ちるのは論より誰かが何気なく口にしたひと言だったりします。

「一瞬のハッピーがあったら、また走れるよね」

ロックスターの矢沢永吉さんがステージから語りかけた言葉で、ぼくも好きな言葉です。一見、幸せなどには構わないふうながら『アー・ユー・ハッピー?』と題した著書もあるんですね。幸せは、それ自体が確かなものとして存在しているというより、ひとときのほんのちょっとしたことに「幸せだなあ」と感じ入る、いってみれば幸福〝感〟ということでしょうか。

空が抜けるように青いから。

木漏れ日があったかいから。

彼女が笑ってくれたから。

人生はしんどいけれど、わずかなことへの感受性でハッピーな気持ちになれば何とか持つものです。

話はまた入院中のぼくに戻りますが、夜の9時、消灯と同時にクーラーが切れてしまうと蒸し風呂のように暑く、眠れない夜が続きました。本当は禁止されていたのですが、窓を少し開けて寝ることにしました。ほんの1センチ足らずです。

9月の終わりだったと思います。風がすーっと入って来ました。夏から秋に移り変わる頃の、その隙間から入って来る夜風の何と気持ちいいこと。日に日にひんやりしてきます。その心地よさに、ああ人間、これがあるから生きられるんだなあと思いました。

この人にして語り得る言葉

ちらり見える光が人生の命綱

2014(平成26)年に77歳で亡くなった、作詞家にして直木賞作家の山口洋子さんは晩年、都内のレストランに車椅子で現れ、雑談の相手になってくれました。

体調維持に苦労したことも重なってのことでしょう、小銭を大事にし始めたとか、隣近所と仲良くなったなどと日々の暮らしぶりにふれ、いつしかラジオを聞くようになったと話していました。

ぼくもラジオとはいろいろ縁があります。二十数年、東西のTBS、MBSの情報、歌番組などにかかわり、今もMBSラジオの川柳番組「しあわせの五・七・五」や医療、介護情報も盛り込んだ番組「近藤勝重のしあわせ散歩」などでおしゃべりさせてもらっています。

ラジオはテレビに比して双方向性を何より大切にしているメディアです。パーソナリティの声や歌手の歌声に耳を傾けているうちに、山口さんも「遠くの親戚より近くの他人」となった続きで「近くのラジオ」になったのかもしれませんね。

詩人の間で「眼聴耳視《がんちょうじし》」といったことがいわれますが、ラジオは耳で視るメディアですね。

例えば野球の実況放送だと、アナウンサーの「大きい、大きい」という大きな声が聞こえてきます。その声に合わせて、大飛球を思い浮かべます。ところがその後、「風に押し戻されたのでしょうか」のつぶやきがあって、ライトへの凡フライだったりすることがあります。

しかしご愛嬌というか、それがいいんですね。そのつど脳のスクリーンの絵柄を変えるので、聴覚と連動した想像力はたくましく育っているような気がします。

ついラジオの長話になりましたが、ぼくは人生の先輩の方々が書かれた随筆なども折にふれ手に取ります。山口洋子さんの随筆もいろいろ拝読しました。『生きていてよかった』の「あとがき」に書かれた次の一節はとりわけ心にふれました。

「人生二勝一敗」などというけれど、まさに重き荷を背負って遠き道をいくがごとき心労の日々。大病の後遺症で軽い障害と痛みも抱えているので、これからの老いの坂道をさてどう下ってゆくかという……。

しかし生命ある以上、どこかで折りあいをつけながら、せいいっぱい生きてゆかなくてはならない。(中略)

いいきると平凡でつまらないことや、哀しくて辛い日常のなかでごくたまにあぁ〝生きていてよかった〟という光が、ほんのちらりと垣間《かいま》見える。それを命綱に生きてゆけるし、結局その程度が人生と呼ぶもののありようかもしれない。

何を成そうとしたかが大事なんだ

佐藤愛子さんの箴言葉『ああ面白かったと言って死にたい』は、高倉健さんも晩年、この本に気持ちが入ったそうです。そんなことを書いたお手紙をいただいたことがあります。

勝手な想像ですが、健さんはこんな言葉に心が動いたのではないでしょうか。

闘いの激しさと勝利と権勢、あるいは敗北、挫折、妥協の悲しみ、あるいは燃える野心、情熱、孤独……男性の顔が語っているそれらの痕跡が、彼の人生の歴史をありありと物語っているのを私たちは見ることができます。私たちが男性の顔を美しいと思うのは、そんな顔に会ったときです。男の顔の美しさは、その人の精神の歴史の痕跡が作り出している美しさにほかなりません。

『こんないき方もある』

男の涙は一筋、しかも風で乾かすべきものなのである。

『私のなかの男たち』

高倉健さんは、ぼくが授業のお手伝いをしていた早稲田大学大学院の教室に聴講生として来てくれたことがあります。授業後、健さんは取り囲む学生たちに「何を求めたかが一番大事なんだよね。これからみなさんが一番悩むところだと思いますよ」と語りかけ、中国の張芸謀《チャンイーモウ》監督の作品『単騎、千里を走る』のロケ中に出演者やスタッフから受けたこまやかな数々の心遣いにふれて話を続けました。

「お金は欲しいですよ。やっぱり。でもそればっかりで本当にいいのっていうのがいつか来ます。来なかったら勉強が足りないんだと思います。（書く仕事なら）書いたものが誰のボディーを打って誰が泣いてくれたらいいか。そこまで行かないと、行くところまで行ってないんだと思います」

健さんはそれらの話のあとも「何を成したかじゃない、何を成そうとしたかが大事なんだ」と繰り返していました。

大学に来てくれたのは亡くなる2年前の晩秋、81歳のときでしたが、健さんも、山口洋子さんも、そして佐藤愛子さんもこの人ならではの言葉だと思います。

ダメさも含めて人間を肯定する

と書いてくると、樹木希林さんが生前に遺した生き方のエッセンス集『一切なりゆき　～樹木希林のことば～』にふれないとおさまらない感もありますが、今も話題の書として売れているようですので、ここではぼくの印象に残った各章の見出しの紹介にとどめたいと思います。

- 人の人生に、人の命にどれだけ自分が多く添えるか
- 楽しむのではなくて、面白がることよ

● 私が私として生き生きと存在しようとしていれば、それは尽くすということになる

● 相手のマイナス部分がかならず自分の中にもあるんですよ

● 死ぬために生きているのではなく、生き切って死というものがあって

樹木希林さんは何本もその作品に出演した是枝裕和監督については「ダメさも含めて人間を肯定する是枝さんの作品はチャーミングよね」と話しています。

ぼくは『海よりもまだ深く』は映画でも文庫本でも楽しみました。子ども（真悟）と妻（響子）に逃げられた自称「作家」（良多）を阿部寛さんが演じ、樹木さんは息子・良多を「大器晩成」タイプと優しく見守る母親（淑子）を演じていますが、二人のやりとりから確かに人間を肯定するチャーミングさがうかがえます。

以下、文庫本からの引用です。ラジオからテレサ・テンの『別れの予感』の歌声が流れたあとの場面です。

淑子は曲に触発されたのか「はあ」とため息をついてから言った。

「私は海よりも深く好きになったことなんて、この歳までないけどさ」

「寂しいこと言うなあ」

「あんたはあるの？」

淑子にそう聞かれて、良多は戸惑った。最初に頭に浮かんだのは響子だった。

だがそれが海よりも深いものだったたか、と問われれば返事に困る。

「俺は、まあ、それなりに……」と口ごもるも、視線は響子と真悟の眠る部屋に
無意識のうちに向いた。

「ないわよ、普通の人は」と淑子は決めつける。

〝普通の人〟に自分が含まれるのか良多は測りかねた。

「それでも生きてんの、みんな。毎日楽しく」と続けたが、首を振った。

「ううん、ないから生きていけんのよ。こんな毎日を、それでも楽しくね」

一度でも激情のような愛に溺れてしまったら、もう平穏な日常を楽しむことなどできないのかもしれない。

「複雑だね」と良多が言うと、また淑子は首を振った。

「ううん。単純よ、人生なんて単純」

「単純よ」といい切るあたり、『一切なりゆき』と通じるものがありそうですね。

いたずらに大きくするな、がん不安

がん告知に安堵した日

窓を開けたら「ああ」と思わず声をもらすような景観が広がっている。それにプラスして思いっ切り吸い込めるきれいな空気。いってみればそれだけのことに、その頃のぼくはとらわれていました。

旅に出たい。そう思う続きの先に、松島の景観を空想したり、「ああ松島や松島や」というどなたかの句を思い浮かべ、「ああ松島や――」と声に出したりしていました。

「サンデー毎日」の編集長になって、すでに3年。阪神淡路大震災やオウム事件など激務続きの最中に心身、疲れ果てていたのでしょう。めまいがして布団から起き上がれなかったり、起きて出かけても地下鉄の階段でふわっとなって倒れ込んだり、放送を終えたラジオ局のスタジオを出たところで倒れ、救急車で運ばれたり……50歳の頃のことです。

そんな心身に加えて、これは職場では秘密にしていたのですが、胃がんの疑いで精密検査の結果待ちの身でもあったのです。

それでとにかく身も心も休めたい。それには、と冒頭でふれたような思いがつのり、その年の夏、1泊2日の日程で松島へ向かいました。

岩山の上から、また遊覧船にも乗って景観を目にしました。でも、いっこうに「ああ」という感興が湧いてこないのです。

松島は日本三景ならではの自然美を、大海原に点在する二百数十の島々で形成しているのですが、ぼくの心はほとんど反応しない。というより、悪性のがんだったら、この松島も見おさめだな、などとふっと不安がよぎると、心に黒いシャッターが下りて夏の海の光も色も消え失せ、波音や海辺の人のざわめきも耳に入らず、一切が無と化すのです。素晴らしい眺めなのに、いやそう思えば思うほど不吉な思いにからめとられてしまうんですね。

夏休みの観光客で賑わう景勝地で、ぼく1人だけが何か招かれていないような孤独感を覚えていました。

さて、その翌日のことですが、帰京して出社し、朝刊を読んでいると、机上の電話が鳴って、耳になじんだ声が聞こえてきました。大阪の浜崎医院の濵崎寛先生でした。こういわれました。

「病理の結果もがんやったが、手術いうても盲腸切るんと一緒。寝てる間です」

おかしなものですね。れっきとした「がん告知」なのですが、ぼくはむしろ「そうですか、見つかりましたか」と安堵の声を発し、「ありがとうございました」とお礼の言葉を口にしていたのです。

長い記者生活で勘はよかったんです。先生の声から、早期だったんだとぼくなりに察したんですね。

それにしても「盲腸切るのと一緒」という言葉のどれほどありがたかったことか。「ありがとうございました」はぼくの本心から出た言葉でした。

すでに手遅れのがんだったらどうしようか、と思い悩んだ数ヶ月。気分というのはこういうふうに一変するものなんですね。出前のコーヒーを持って現れた女の子に、軽口をたたく変わりようでした。

コーヒーを飲みつつ、窓の外に広がる皇居の緑を見つつ、先生の言葉を反芻《はんすう》して、こんなことも思ってみました。

「大阪弁にはなんか明日があるなあ」

自らのがんをわかっていた石原裕次郎さん

人間関係というのはいずれにしても微妙な問題をはらみます。とりわけ、生と死が共存する医療の現場での医師と患者の間というのはシビアだし、デリケートです。

例えばがんの告知の問題。鳥取市内にホスピスケアを行う「野の花診療所」を開設しているホスピス医、徳永進先生が著書『どちらであっても　臨床は反対言葉の群生地』で、昔はがんが見つかっても隠すのが思いやりだったのに、今は正確に伝えるのが正しいとなって、「正解は一つと言い切ろうとする風潮すらある」と書いています。

それでいいのだろうかと疑問に思っているお医者さんもいますし、告知の希望についてイエスかノーのアンケートを取ったらどうかという声があるのもそういう現れだと思います。

こんな話があります。石原裕次郎さんは肝細胞がんで、１９８７（昭和62）年7月、この世を去りました。享年52。亡くなるまで、がんだと知らされていなかったのですが、裕次郎さんは自分のがんを知っていたのですね。

「サンデー毎日」になかにし礼さんが特別寄稿した「今だから明かす石原裕次郎の素顔」（２０１７年7月2日号）によると、なかにし礼さんに「歌が少し難しいから、レッスンつけにハワイまで来てもらいたい」と頼んで、生前にリリースされた最後のシングル『わが人生に悔いなし』のレコーディングに立ち会ってもらった際、散歩中の海辺でこういったそうです。

「礼ちゃんよ、みんなが言わないから、俺も知らないふりしているけど、俺はがんだぜ」

「ええっ？」

そして裕次郎さん、「人生なんて夢みたいなもんだぜ。現実《うつつ》だと思うと悔いが少しは残るけど、夢だと思えば、楽しい夢を見たとしか言えないもんな」ともいって、はるかな夕空を見上げていたそうです。

がんは患者本人には伏せられていたけれど、おのずとわかる身内同士……。

「伝える」と「伝わる」という、言葉と人間の微妙な関係を物語る話です。

医師と患者の人間的なふれあい

「健康川柳」でも、診察時の患者心理を詠んだ句が多く、医師と患者の関係では達者に詠んだ句が多いです。こんな句があります。

先生は患者さんだと医者が言い　芝原茂

医師と患者という立場であっても人間的なふれあいや、生きていく者同士での日常の中での感じ方というのがなければ信頼は生まれません。なかなかそこまではいかないにしても、患者の立場からすると、医師の「エッ」とか「アッ」とかいう声や、首をひねったりするしぐさだけでも気になるものです。何の気もない医師の独り言に不安になったりもしますよね。

一方医師の目はパソコンの画面に集中して、患者を診ることもなくひと言ふた言のあと、「後日結果が出ますので」で診察を終えることも少なくはなさそうです。ぼくなどは胃がんを患って以降の病院通いを思い出して、ちゃんと向き合ってくれる先生に診てもらえたことに感謝していますが、医師とのめぐり合わせも運・不運、偶然・必然など、現実はいろいろありそうです。

一方で、人工知能（ＡＩ）によるデータ重視の診察が一般化すると、医師と患者の関係も微妙に変化するでしょうね。

お医者さんデータじゃなくて私診て　　徳留節

ＡＩの導入とともにこういう状況が増加しないか気になるところですが、診察の場ではこうあってほしいなあと思える次の句が印象に残っています。

「お待たせ」の医師の一言気が和み　　田川弘子

いずれにしても患者の命あっての医療だということ、またそれが医療そのものだということをしっかり踏まえ、世の中同様、話す人あり、聞く人ありの人間関係を、と願いたいものです。

そうそう、この項で強調しておきたいことがもうひとつあります。それは、がんかどうかという状況にどう対応するかです。正直いってぼくの場合、明らかに不安にとらわれすぎでした。それでかえって心身をおかしくしていた感じです。

がんと死を結びつけての不安は明らかに過剰反応です。たちの悪いがんは死に至る……という思い込みの強さがそこに影響して、がんそのものより、がんへの恐れ自体が不安を大きくさせているんですね。不安が不安を呼ぶという一種の不安神経症です。

がんも早期なら治癒率は今や90%以上だということも付記しておきたいと思います。

そう心配しなくてすむ「病名」で「安心」は禁物

よくある病の陰に隠れていた大腸がん

60歳前に定年に備えた研修会が社でありました。仕事で出られず、あとで人事部から資料をもらうと、随分とシビアなことが書かれていました。

〈定年で失うもの〉仕事／収入／情報／居場所

〈定年後に得るもの〉自由／自立（律）／時間

眺めつつ思ったものです。健康というのはどこにも書かれていないが、失うもの、得るもの双方に健康という答えもあるんじゃないかと。

経済は多くの人の健康を犠牲にして成長する。この国でこの実態は何十年と変わっていません。

人はさして今を気にすることなく生きています。何も体の悪いところはない。あっても命にかかわるような病じゃない。そう思って今を平気で生きている方がほとんどではないでしょうか。

ですが、こんな話もあります。

社の先輩と仕事先のテレビ局でばったり会ったときでした。局から局へのハードスケジュールをこなしているようだったので、朝起きるとき、目まいがしたりといったことがないか、聞いてみました。

すると「あるよ」と短くいって、病院で診てもらったら、内耳の症状だそうで、よく耳にする病名なども口にしていました。それで、たいしたことないと思って仕事を休んだりはしていないというのです。

ぼくが朝、歩いたりしてますか？　と聞くと、「車ばかり乗ってるからなあ」という返事でした。そのほかいろいろ聞いているうちに、少々案じられたのですが、ぼくごときがいうべきことでもないだろうと、気ィつけたほうがいいですよといい残して別れました。

何ヶ月かたって、彼から電話がありました。「君のいうとおりになったよ」というので詳しく聞くと、朝のトイレで便の異常に気がついて、病院で精密検査を受けたところ「大腸がんの疑い」ですぐに入院させられたとのことでした。

朝方のめまいなど、確かに内耳の病かもしれないけれど、疲労の蓄積で自律神経がおかしくなり、免疫力が低下、それを見すかしたようにがんが発生するということはぼくも体験ずみです。

今までの正反対が健康法

で、ここでみなさんにあえていっておきたい。たとえ心配なさそうな病名を医師から告げられたからといって、安心しちゃ駄目だということです。

幸い彼は手術後、元気を取り戻して再び活躍の場に姿を現しましたが、本当に多忙ほど心身に悪影響をもたらすものはありません。

緊張を強いる自律神経の交感神経が、リラックスさせてくれる副交感神経の働きより優位に立つことで生じる体の異変、本当に要注意です。ちなみに血圧ですと、交感神経が優位になると上がり、反対に副交感神経が優位になると下がります。かつ、こんなふうに自律神経のバランスが崩れだすと免疫力の低下を招き、体の防衛機能の低下でがんの発生にも影響をもたらすのです。

多忙の「忙」の字の偏は、心が変形したものです。ですから「忙」には心を亡《な》くすという意味が込められています。忙しいと口にするたびに、心を亡くしているのです。

にもかかわらず、その忙しさから抜け出せない。最悪の状況に陥った挙げ句、マイナスの連鎖によって心身ともにますます不安やストレスにさらされることになるんですね。

「健康川柳」にこんな句をいただいています。


今日は寝てあしたに別の目で見よう　　忠公

とにかく一晩ぐっすり寝る。ぐっすり寝て起きると、それ相当に体力は回復しますが、それ以上に頭がちゃんと働いて、前夜とは別の自分がそこに現われてくるんですね。

気が立って眠れないという人の話も聞きます。寝よう寝ようと思うから眠れないというのはよくいわれることですが、以下の話、ぜひ役立ててください。

拒食症で命を失う人はあるが、不眠症で死ぬことはない。だから、別に眠れなくとも、静かにして横になっていれば休息になり、それで大丈夫なのである。

別に死にはしないのだから、というような気持ちになって、じっとしているといい。そうすると、あんがい眠ってしまうのである。

これ、河合隼雄さんの著書『「老いる」とはどういうことか』からの引用ですが、このくだりを読んで以後、ぼくの睡眠は質、量ともよくなった気がします。仕事のことも改めて見直すと、疲れでスムーズさも欠き、かえって仕事量を増やしている。人間、そういう気づきひとつで一日が劇的に変わったりもするんです。そして思い知るのです。「今までの正反対が健康法」だと。

布団の中での考えごとはほどほどに

この際ですから、自律神経失調症や胃がんを患った体験から、ぼくがそうだなあと納得してメモに取るなどした言葉をいくつか紹介しておきましょう。

「悪い奴ほどよく治るんです」

これは胃がんで入院中に耳にしたある医師の言葉です。入院中に健康法に励んであれこれやっている患者より、さして病気を気にとめたふうもなく、友だちに長電話したり、とにかくこれが病人かというような患者が思ったより早く治って退院するんです――と、そんな話でした。

是非は別にして何かわかるような気がして、病は気からという言葉を改めて考えたりしました。

「布団の中での考えごとはほどほどに」

知り合いの臨床心理士の話です。布団の中だと、たいてい考えすぎるんだそうですね。何気ないことでもいいから、とりあえず起きて体を動かす。それで気持ちも整ってくる。考えごとはそのあとでいいというわけです。

毎日新聞（大阪）主催で「しあわせ健康セミナー」を開いた際、参加者から「私を元気にした一言」を寄せてもらいました。中高年の女性が目立つセミナーでしたが、会場でうなずいている人が多かった一言をいくつか。

「その時はその時」＝女性（64）
「皆、通る道よ」＝女性（63）
「同じような方はたくさんおられますよ」＝女性（49）

なるほど、みんなはそんな言葉の力で老いの道から横道へと抜け出しているるんだなあ、と実感しました。
自分だけじゃない、そう思えればごく平凡な言葉も頼もしく、心強い金言になるんですよね。

トンチンカンも楽しもう

高齢者は存在するだけで意義がある

「不老長寿」「不老不死」という四字熟語がありますが、おかしいですよね。老いないってことがあるでしょうか。不は打ち消し、否定の意味だから年を取らず長生きするということになりますが、あり得ませんよね。

滋賀県へ行ったときに、長浜で盆梅展をしていて「不老」と書いてある梅を見ました。推定樹齢400年で幹が枯れ朽ちながらも、小枝の先にぽっちり八重の紅梅をつけていました。悲しいような感動があり、思わず足が止まりました。

長浜市と観光協会の話では、2ヶ月にわたる展示が終わったその日から来年に向けての手入れにかかるのだそうです。世話をしている人たちに、生きよう、生きようって懸命に育てられて、それに応えてきたんですよね。

さて、ぼくら人間の場合、不老はあり得ませんが、年齢をたくさん重ねてなお存在している人はたくさんいらっしゃいます。

2018（平成30）年の日本人の平均寿命は、女性が87・32歳、男性は81・25歳です。100歳以上の人、いってみれば1世紀（センチュリー）を生き抜いたセンテナリアンは調査を始めた1963（昭和38）年に153人だったのですが、今や7万人を超えています。

その人たちの存在を霊長類学者で京都大学総長の山極壽一さんは、ただ存在することで人間を目的的な強いた束縛から救ってきたのだとおっしゃっています。

例えば会社のために働くことが生きる目的となっていた会社人間であっても、定年後は肩から荷を下ろしてそれ相応に自由に生きられる。そういう高齢者の存在に、ぼくらも第2の人生を想像したりしているわけです。

年寄りはブラブラしてたほうがいい

ただ昨今は「人生１００年時代」。高齢者も70歳まで就業を、との声も聞こえてきますが、臨床心理学の立場から河合隼雄さんが我々の社会は何かを「する」ことに重きを置きすぎる、と批判していました。

『こころの声を聴く　河合隼雄対話集』で沢村貞子さんが河合さんにこうおっしゃっていたのが思い出されます。

「最近とっても喜んだのは、（河合）先生のおっしゃる『年寄りはブラブラしてたほうがいい』っていうの。生き甲斐《がい》だとか、なにかすべきだとかってすぐ言いますでしょう。もうさんざん仕事をして一生懸命生きてきたんだから、あとは生きてるだけで勘弁してもらいたいと思ってたんです。そうしたら、『老いのみち』というご本にブラブラしてるほうがいいって書いてある。遊ぶというのは子供の商売で、年寄りの商売はブラブラしていることだと思うんです」〈（　）内は筆者注〉

少子高齢化社会の到来と、それに伴う社会保障制度上のお金の問題はそれなりに理解できます。ですが、北欧などは「国に税金を預けている」という感覚、比して日本は「税金を取られている」という感覚。実はこの違いの大きさから社会保障の問題は論じなくてはならないんですが、それらの議論は中途半端なまま、経済力に応じた医療費の負担増がいわれたりしている現状です。

長生きは誰にとっても未知の体験

ところで、知り合いの女性が毎月1度、大阪から四国に住む母親の元に帰省しています。高齢なので、安否の確認も兼ねて帰っているのだそうです。

あるときある会場で彼女に会った折、「大変ですね」とその労をねぎらい、お母さんの近況をうかがいました。彼女は「おかげさまで元気です。親というのは、いてくれているだけでうれしいもんですね」と笑顔で答えてくれました。

ぼくの父母は田舎に住む兄夫婦と暮らしていました。盆休みなどたまに帰省するとたいそう喜んでくれ、こちらの愚痴めいた話にも「うんうん」と耳を傾けてくれたものでした。亡くして今、ただ在ることのありがたさをつくづく思います。

親子でも気が合わないこともありますから、やさしくしたいと思っていても高齢の両親とまだ口喧嘩するなんて話も聞きますが、それもいてくれるからできることです。

いてくれているだけでありがたい存在。といってそんな存在にはなれないなどと落ち込む必要はないですよ。

過日、友人から聞いた話が心に残っています。バス停で耳にした90歳前後の女性2人の会話で、こんな話です。

久しぶりに偶然出会ったらしく、どちらも一人暮らしのようですが、互いの近況や体調を話したあとに、

「ここから先は経験のある人がいないのよ。困った、こんなときどうしたらいいの、と聞くにも友だちは亡くなってしまっているし。入院している人もいて。年

上の人がだんだんいなくなってきてるわけだから。それに聞いたところでみんなそれぞれだしね。長生きっていうのもみんなが初めての体験だから。ここからは未知の体験。楽しむしかないのよね」。

年齢は常に初体験なわけですから、おっしゃるとおりなのですが、友人には声高く励まし合う姿が印象に残ったそうです。

1人はピンクの花柄の杖をつき、1人はカラフルでおしゃれなカートを押して右へ左へと別れていき、あの感じだと長生きしそうだな、とそんなことを思いつつ見送ったとのことでした。

この項は、2014（平成26）年に104歳で亡くなられたまど・みちおさんのこんな詩でおさめたいと思います。

トンチンカン夫婦

満91歳のボケじじいの私と
満84歳のボケばばあの女房とはこの頃
毎日競争でトンチンカンをやり合っている
私が片足に2枚かさねてはいたまま
もう片足の靴下が見つからないと騒ぐと
彼女は米も入れてない炊飯器に
スイッチ入れてごはんですようと私をよぶ
おかげでさくばくたる老夫婦の暮らしに
笑いはたえずこれぞ天の恵みと
図にのって二人ははしゃぎ
明日はまたどんな珍しいトンチンカンを
お恵みいただけるかと胸ふくらませている
厚かましくも天まで仰ぎ見て…

『百歳日記』

トンチンカンを楽しんでいるんです。いいなあ、まどさんらしいなあ、と思いました。この詩をちょっと頭の片隅に置いておくといいですね。トンチンカンをやった日は、自分を嫌にならずにもう一人の自分を作って、つっ込む。なんか笑えそうでいいじゃないですか。

それればかりか、何かしら生きていく上で大切なことを体験的に語ってくれている気もしますよね。

朝の光が照らす〝老いの抜け道〟

ささやかな幸福感を覚えるひととき

定年に備えた研修会で「定年での損失」といった設問があった、とすでにふれましたが、実は同じ資料にこうもあったのです。

「自分」－「仕事」＝？

考え込んでしまいました。
きっとこの設問を思いついた人はこんな句にふれたこともないのでしょうね。
以前、ＴＢＳラジオの時事川柳のコーナーに寄せられた一句です。

ナイターとビールがあれば生きられる　桜田宏

ささやかな幸福感でしょう。先だってテレビを見ていたら、年金生活の老夫婦が、何よりこれが楽しみと焼酎を飲み交わしていました。見ていたらほんとにこの夫婦、焼酎飲みながら100くらいまで生きられるんじゃないかと思いました。すごくおいしそうに飲んでいましたから。

ぼく個人のことは話の内容に応じて紹介させてもらっていますが、少し付け加えておきますと、生まれ育ったのは、別子銅山とともに発展した住友の企業城下町、愛媛県新居浜《にいはま》市です。山も海も眺望のきく町です。同級で地元の市役所で働いていた友だちが何人かいるのですが、うち1人が定年のあいさつ状にこんなことを書き添えていました。

「朝焼けは見たことありません」

ぼくが新聞のコラムに朝焼けに魅了されている、とよく書いていたのを読んでのことだそうですが、本当に早朝など無縁の生活を送っていたようです。地方の公務員にしてこうですから、大都会で働く人たちなら朝焼け？　それがどうしたといったところかもしれませんね。

「おはよう」に込められる願い

ぼくは海沿いに住んでいるので、海の青との対比で赤みを帯びた紫色の雲がたなびくさまは、何度見ても感動します。そんなとき、きのうの夕方に眺めた落日を思うと、再生される日々とともに、ぼくらの生もあるんだな、と感じたりもするのです。

谷川俊太郎さんの「朝のかたち」という詩にこんな一節があります。

朝はその日も光だった／おそろしいほど鮮やかに／魂のすみずみまで照らし出され／私はもう自分に嘘がつけなかった／私は〈おはよう〉と言い／その言葉が私を守ってくれるのを感じた

朝の光の中にいると嘘がつけない自分を感じるって、わからないでもないですよね。そして「おはよう」という言葉の大切さも。

「おはよう」「おはようございます」

声をかけ合えるのも、気持ちのいい朝を共有できるのも、平和だからなんですね。

日本語の本を開くと、「おはよう」は「お早い」の連用形「お早く」が変化したものとあります。おそらく人がその言葉に込めてきたのは、早くやって来た相手へのいたわりと、良き一日を過ごしてほしいとの願いでしょう。その言葉とともに人々は朝を迎え大過なく過ごしているお互いを確認して、さらに励まし合ってきたのでしょうね。

気分爽快な朝は、ベランダに出て軽く体操しながら、誰よりも早く目をさます空に「おはよう」と声をかけます。といって、つぶやく程度のものなのですが、不思議なものですね。今、目の前で広がり始めたこの一日が、とても大切なものに思えてくるのです。心の作用ですね。

よろしければ手元の辞書で「心」を引いてみてください。伴う言葉の多さに驚かれることでしょう。どんな言葉よりも内包しているものは豊かです。かつ、海や空のように広いんですね。

すでに本書で「人生、心ひとつ」といった趣旨のことを書いていますが、それはここに記す「心」の意味合いを含み、〝老いの抜け道〟もまたその世界にあるものとご理解ください。

みなさん、怒りは下ろしましょう

穏やかな年寄りになれない日本の現状

驚かれるかもしれませんが、怒りっぽいお年寄りは世界で日本が一番多いんじゃないかといわれています。欧米、とりわけ北欧のスウェーデンやデンマークなどと比較してのことだとは思います。

確かにそれらの国の人々は気が長く、穏やかに余生を過ごしていそうなイメージがあります。社会保障などが日本よりずっと整っているということもあるんでしょうね。

脳科学によると、人間は年を取れば前頭葉の皮質が薄くなり、しわが増え、気が長くなるという説がある一方、思考や判断といったブレーキ機能が衰えるという説もありますが、日本人のお年寄りの沸点の低さを考えたとき、戦後のこの国のありようがやはり気になります。

とにかく多くの人が働け、働けと追い立てられてきました。さらに世の中は効率とスピードで突っ走ってきました。

そんな性急な世で穏やかさを養うというのはかなり難儀な話です。そのうえ、昨今の年配者にはIT化のストレスがあります。スマホを手にした若い人のマナーも何かと気になります。

加えて、自身の体調です。だんだんと痛いところが増え、持病なんかもあろうかとは思います。そうなるとなかなか和やかにとはいきません。ついつい興奮して怒りへと向かいます。

そうして感情に火がつくとどうなるか。かっとなってコントロールもきかず、しんどい思いをするのは明らかです。

断っておきますが、人間、白も黒もないんです。現身《うつしみ》は矛盾だらけなのです。

作家、藤沢周平さんのエッセイ集『帰省』にこんな一文があります。

作家にとって、人間は善と悪、高貴と下劣、美と醜をあわせもつ小箱である。崇高な人格に敬意を惜しむものではないが、下劣で好色な人格の中にも、人間のはかり知れないひろがりと深淵をみようとする。小説を書くということは、この小箱の鍵をあけて、人間存在という一個の闇、矛盾のかたまりを手探りする作業にほかならない。

我、人ともにそんな人間を受け入れざるを得ないということです。

「たかが」の精神で人づきあいが楽になる

作家の先生たちが人間関係上の対処法をアドバイスしてくれています。
腹が立ったら4秒間黙っている、あるいは7秒という人もいます。4秒、7秒、

郵便はがき

料金受取人払郵便

代々木局承認

6948

差出有効期間
2020年11月9日
まで

1518790

203

東京都渋谷区千駄ヶ谷4-9-7

(株)幻冬舎

書籍編集部宛

1518790203

ご住所 〒

都・道
府・県

フリガナ

お名前

メール

インターネットでも回答を受け付けております
http://www.gentosha.co.jp/e/

裏面のご感想を広告等、書籍のPRに使わせていただく場合がございます。

幻冬舎より、著者に関する新しいお知らせ・小社および関連会社、広告主からのご案内を送付することがあります。不要の場合は右の欄にレ印をご記入ください。

不要 □

本書をお買い上げいただき、誠にありがとうございました。
質問にお答えいただけたら幸いです。

◎ご購入いただいた本のタイトルをご記入ください。

『　　　　　　　　　　　　　　　　　　　　　　　　』

★著者へのメッセージ、または本書のご感想をお書きください。

●本書をお求めになった動機は？
①著者が好きだから　②タイトルにひかれて　③テーマにひかれて
④カバーにひかれて　⑤帯のコピーにひかれて　⑥新聞で見て
⑦インターネットで知って　⑧売れてるから／話題だから
⑨役に立ちそうだから

生年月日　西暦　　年　月　日（　歳）男・女				
ご職業	①学生	②教員・研究職	③公務員	④農林漁業
	⑤専門・技術職	⑥自由業	⑦自営業	⑧会社役員
	⑨会社員	⑩専業主夫・主婦	⑪パート・アルバイト	
	⑫無職	⑬その他（　　）		

このハガキは差出有効期間を過ぎても料金受取人払でお送りいただけます。

ご記入いただきました個人情報については、許可なく他の目的で使用することはありません。ご協力ありがとうございました。

置いてから口を開くとだいぶ違うらしいですよ。

遠藤周作さんや吉行淳之介さんらは、腹が立っても自分のためにいうてくれてるんだ、といいきかせ、「ああ、ありがたい、ありがたい」と口で唱えることを実践したりもしていたようです。

そうそう、吉行さんは色紙にサインを求められると、江戸後期の僧、仙崖和尚の句といわれる「気に入らぬ風もあろうに柳かな」と書いていたそうです。

田辺聖子さんはこんなことをいっていました。

「忘れてしまえば、ないのと一緒」

何もわざわざ怒りっぽい年寄りになることはないのです。怒りの感情がいかに体に悪いかは、杏林大学医学部名誉教授の石川恭三先生の『続・健康ちょっといい話』でも報告されています。大事なところなので、少し長めに引用しておきます。

腹を立てた場合には、動脈硬化のために狭くなっている冠動脈が一時的に縮んでさらに狭くなる。その結果、その冠動脈の中を流れる血液が一層減少し、その先にある心臓の筋肉は酸欠状態になってしまう。そうなれば当然狭心症の発作が起こっても不思議はない。だが多くの場合、それが無症状で終わっているのである。一時的にしろ酸欠状態にさらされた心臓の筋肉は症状の有無に関係なくそれなりの障害を後に残しているのである。

また、腹を立てると交感神経が緊張し、そのために血管内で血液が固まりやすくなることも明らかになった。血管内で血液が固まり、それが頭に飛んで脳血管を詰まらせると脳梗塞《のうこうそく》、心臓に飛んで冠動脈を詰まらせると心筋梗塞、そして腎《じん》臓《ぞう》に飛んで腎動脈を詰まらせると腎梗塞がそれぞれ引き起こされることになる。

これは腹は立てずに横に、という警告ですよね。

ともあれたかが人間、お互い様です。いや実際、こういう言葉の「たかが」に人生のヒントがいろいろ隠されているように思えます。

早い話、「たかが人間（自分）」という自覚とともに世の中を見れば、許容量がうんと大きくなります。

上も下もない。大きくも小さくもない。自分だってたかがしれた人間です。人を嫌いにもなるし、嫉妬だってしてしまいます。欲もあります。そう自覚して相手を見れば、相互理解も進むでしょう。

それに「たかが」は苦手な人とのつきあいだって楽にしてくれます。

ふだんから嫌いだと思っていた人に対しても、しかし考えてみれば俺だってたかがしれたもの。あいつのことを俺がどうのこうのいえた義理か、と思い直せます。

最後になりましたが、「健康川柳」からこんな一句いかがですか。医師がおっしゃると説得力がありますが、健康、健康とばかりいっていると健康病になるともいわれますよね。

気にしない健康法もあると医者　　邪素民

隣人とワン君と寅さんと

笑わないおじいさん

とにかく笑わないと評判のおじいさんがいました。子犬を連れて歩いているそのおじいさんに、敬遠するような眼差しを向けている人を見かけたことがあります。

昔、「三年片頬」という言葉がありました。笑っても3年に1回、それも片頬で小さく笑う。それが男というもんだというわけです。

武士の時代の言葉としても、人間、笑わないでいられるものか。現実にはありえないと思っていました。

そんなことも頭にあって、そのおじいさんを町で見かけると、それとなく気にとめていました。朝夕2回、決まって子犬を連れて散歩しているようでした。

その日の朝も、いつものように老人と子犬を見かけたのですが、登校中の女児がそばを通りかかった際、「さわっていいですか」といいながら子犬の毛を撫でようとしたのです。子犬はふさふさした黒と白の毛におおわれ、モデル犬にしてもいけそうな可愛さです。

こちらは老人がどういうか、多少気にして見ていたのですが、女の子が子犬を撫でている間も何もいわず、その様子を見るともなく見ているふうでした。

そして、女の子が「ありがとうございました」と礼をいって学校へと急ぐと、おじいさんはその後ろ姿に「気をつけて行くんだよ」と笑顔で声をかけ、ずっと見送っていました。

これが、笑わないおじいさんの本当の姿です。世に笑わない人なんていません。笑顔をあまり見せないお年寄りは確かにいますが、要は周りの人の接し方ひとつで変わるんじゃないでしょうか。

無心に振る舞う犬に気づかされること

今、ぼくはその町から引っ越して海沿いの町に住んでいます。公園や松林が多く、朝夕散歩している人はたいてい犬連れです。

ぼくも大の犬好きなのですが、住んでいるマンションが犬も猫も禁じられているので、散歩時の出会いが何よりの楽しみです。

会えるかなっていつも思っているワン君に会ったとき、ああ、よかった、うれしいなって思います。その気持ちだけで結構持ちますねえ。もうそろそろ顔出すかななんて思っていると、おじさんに連れられてやって来るワンちゃん。期待していて、それでも姿を見せなかったらちょっとがっかり。そういうのありますよね。

子犬の時分、奥さんに連れられて散歩中よく出会ったワン君が、大きくなってこちらの姿を見かけると、奥さんの持つリードをぐいぐい引っ張ってそばに駆け寄って来るのです。可愛い。これほど無心に振る舞える生き物が他にいるだろう

か。そう思ってしまいます。

人はかって住んでいた森を離れ平地に降り、人間だけで住むようになった。同種の動物だけが固まって暮らすのは地球上で初めてのこと。その時、人間の心に何らかの「歪み」が生じた。例えば「人間とは何？」ということがわからなくなった。そういう場合、人は人間以外の動物を鏡にする。

日本最北の動物園、旭山動物園の元園長、小菅正夫さんが雑誌「文藝春秋」

（２０１７年４月号）にお書きになっていた「最北の動物園」と題したエッセイです。「どうして人間に動物園が必要なのか」ということに答えたくだりです。

野心も利害もなく、ただ無心に振る舞う犬。そんな姿を見て、人間はどれほど自分の歪みに気づかされたことでしょうか。動物の中でも犬は大昔から人間のパートナーだったんですね。

犬縁で地域になじむ

地域社会の崩壊がいわれて、もうどのくらいになるのでしょう。おそらくそのことと、隣同士でも声を交わさなくなったこととは無関係ではないはずです。

会社はタテ社会ですが、地域はヨコ社会です。

地域のもろもろのつながりは希薄になっていても、ペットの犬を介した飼い主同士の交流は年々盛んになってきています。今や地域は「犬縁社会」なのです。

おたがいワン君の名前で「ジョン君のお父さん」とか「マリちゃんのお母さ

ん」とかと呼び合って、そこここで犬連れの立ち話が行われています。

今まで奥さんが連れていたワン君を、定年退職したお父さんが連れているのを見るようになったりしますが、奥さんは食事の支度や家事もあって散歩の時間は短いから、時間のある定年後のお父さんだと散歩も長くて、ワン君にしたらうれしいんじゃないかと思います。

しかし、フンの始末の仕方を見ていると慣れてないのがわかります。ぼくなんか見ていて、下手だなあなんて思いますが、なかなかいい風景です。

どうしても地域になじめないというお父さんがいらしたら、この際、犬を飼われてみてはいかがですか。犬縁から始まるお付き合いも楽しそうですよ。

飼っている同士、動物病院のことや食事のことなど情報を交換しあい、ドッグランやドッグカフェに誘い合って一緒に行ったりしています。若い夫婦もいれば、小学生の子どもを連れた夫婦と犬、年配の人、1人で犬を連れてきている人、年齢を超えたつながりもいいものです。この項の冒頭に紹介した話のように、犬を撫でさせてもらったのがきっかけの人間関係の話も聞きます。

「人間は何のために生きてんのかなあ」

「寅さん」こと、渥美清さんにこんな句があります。

赤とんぼじっとしたまま明日どうする

いつも何か探しているようだナひばり

寅さんの訃報に接した日のことはぼくの記憶に強く刻まれています。

1996（平成8）年8月の暑い盛りでした。そのとき、胃にがんを抱えていて、寅さんの追悼特集を最後の仕事に「サンデー毎日」の職場を離れることになっていました。

後日、できあがったその週刊誌を入院先の病院の売店で目にしました。ありし日の寅さんが表紙です。編集長として手がけた週刊誌はどんな号であれいとおしいものですが、このときの「寅さん号」は自分の身の上とも相まってしみじみと眺める感じとなりました。

細い目をさらに細くしてニコッと笑うあの顔を思い出すと、寅さんが歩いた町々が頭をかすめます。

山あいの小さな駅舎。岬の連絡船。縁日の境内……。人情の行き交う風景に、この来し方行く末を見つめてきた山田洋次監督ならではの日本がそこにありました。

そうそう、2019（令和元）年年末、〝寅さん〟が帰ってきましたね。『男はつらいよ　寅次郎ハイビスカスの花　特別篇』以来、22年ぶり、50作目となる新作でした。

寅さんの数々の名語録が思い出されます。第39作の『寅次郎物語』でおいの満男の「人間は何のために生きてんのかなあ」という問いかけに答えた寅さんの言葉は忘れられません。

「何ていうのかなあ。ああ、生まれてきてよかったなって思うことが何べんかあるじゃない。そのために人間、生きてんじゃねえのか」

かなうなら、そんな言葉を思い出しつつ寅さんの歩いた町々を訪ねてみたいですね。そして、町の人たちの情にふれ、ああ、この国に生まれてきてよかったなあ……そういう感慨にひたりたいものです。

老いの抜け道では最上級のロードになるかもしれませんよ。

どうにもならないときは笑い飛ばそう

桂枝雀さん流「飛行機はどうして墜ちる?」

笑いとは? こういう話題では、上方落語の桂枝雀さんは外せない方だったですね。「国会で『アホやなあ、それはでんな……』などと大阪弁で突っ込むとおかしい。つい笑ってしまう。これ、『緊張の緩和』でんな」などと、ぼくは枝雀さんからじきじきに説明を受けました。

対して枝雀さんの師匠の桂米朝さんは、「笑いの定義なんて、ないのと違いますか」と答えていましたから、戸惑いはありましたが、いずれにしても笑いは笑い。笑うのは人間の生理です。定義などとは関係なく、おかしいと思えば笑うだけのことですが、枝雀さんは技法において別格の感がおありでした。

養老孟司さんが「脳と笑い」と題した講演で「好きだった落語家は桂枝雀なんですが」といって、こんな話をしています。

枝雀が飛行機はどうして墜ちるかという話をしていまして、「だいたいあんな重たい金属の塊《かたまり》が飛ぶはずがない」と言う。そら当たり前。で、「飛行機がそれに気がつくと墜ちるんですよ」と言ってます（笑）。（河合隼雄、養老孟司、筒井康隆著『笑いの力』）

いかにも枝雀さんですね。論理の外し方が達者っていうか。

ところで、ぼくが社会部でお笑いのトップメーカー吉本興業を取材していた頃は、芸人以上に笑わせてくれる社員がいっぱいいました。

仕事を終えて一緒に飲みに出た制作部長が、前方のビルに浮かぶ電光の文字を見るともなく見てつぶやくのです。

「嫁はんが好きでたまらなんだら、毎日、家に帰るのも楽しいでしょうな」

遠慮なく笑わせてもらいましたが、プロデューサー同士のエレベーター内でのやりとりを聞いていても、漫才のかけ合いになっていたり、なるほどこういう空気がお笑いタレントを育てるのかと思ったものです。ちなみに明石家さんまさんや島田紳助さんといった面々が売れ出したばかりの頃でした。

でも、なんですねえ。最近はテレビを見ていてもお笑いタレント中心のバラエティなど何かうるさく感じられるときがあります。むしろCMや動画に出てくる猫やワン君の方が愛らしいうえにおかしくて、つい見入ってしまいます。年とともに求める笑いも変わってくるんでしょうか。

付け加えていうのもなんですが、いただく「健康川柳」にはいつも笑わせてもらっています。時事をネタにしてもけっこう笑え、突っ込む角度に感心します。

例えばこんな句には腹を抱えました。

祖母が聞くアベノミクスは美味いんか　　お煎茶

笑うから幸福なのだ

笑いと笑顔が健康にいいのは、今や常識です。笑いが免疫力を上げ、病原菌への抵抗力を高め、病にかかりにくくしてくれるということを示すデータはたくさんあります。

2018（平成30）年5月には大阪府立病院機構「大阪国際がんセンター」も実証的なデータを得て、笑いががん患者の免疫力を向上させる、と一定の効果を認めています。

「破顔一笑は破がん一笑」とは、知り合いの医師のギャグですが、その医師が「笑いと健康」という冊子を大阪府が作成していると教えてくれたので、ネットの記事で見たところ「笑い学」の提唱者、井上宏関西大名誉教授が哲学者アランの言葉を紹介していました。

「笑うのは幸福だからではない。むしろ、笑うから幸福なのだと言いたい。食べることが楽しいように、笑うことが楽しいのだ。だが、まず食べることが必要」

その笑いと食べることで最近クローズアップされているのが、ゴルフの全英女子オープンでメジャー初優勝を果たした渋野日向子さんです。日の当たる日なた（日向）の子、笑顔がいいはずだ、と改めて思いました。真夏の日差しを浴びて笑顔のような花を咲かせるひまわりも「向日葵」と書きます。「名は体を表す」とはこのことか、とも。

笑顔を絶やさないプレーに海外メディアが「スマイルシンデレラ」と名付けたそうですが、帰国後の記者会見ではシンデレラのニックネームに照れつつも、ギャラリーの笑顔でリラックスできます、と話していました。

渋野さんがプレー中でもモグモグとお菓子を食べている姿は、アランの言葉を思わせるショットです。

ひまわりを想像すると、1本の茎に1つの花を咲かせています。一茎一花。1

本の茎が花を咲かせる、それが笑顔なんですね。

生きている限り、人生いろいろです。右を向いても左を見てもどうにもならないときがあります。さて、どうするか。ぼくはそういうときは腹をくって笑い飛ばすことにしています。笑い飛ばすのが難しいときは、植木等さんと高田純次さんになるという手があることを最近知りました。ふたりの言動を思い浮かべただけで笑えます。

ここでドイツのことわざをしっかり書き留めておきたいと思います。

にもかかわらず笑う

「おせいさん」的生き方に学びませんか

最悪の状況を笑いのめす痛快さ

（前略）とにかく、〝男は当惑する〟のだ。人生の曲り角、曲り角で、当惑を強いられる。ところが女はちがう。（中略）女も本来、淋しい生物であろうが、一面、まぎれやすい、という神の恩寵があるのだ。関心が拡散する。しかし男は何としよう、気が散りにくい、思いつめる、という厄介な美質を持っている。

質問です。さてこれはどなたの言葉でしょうか。うーん……。わかりませんという方に、ヒントになりそうな言葉をもうひとつ紹介しましょう。

私は、小説の効用は〈人生のおちょくりかた〉を暗示する点にもあると思う。艱難辛苦《かんなんしんく》の人生、〈おちょくら〉ないで、どうして凌《しの》いでゆけよう、というところだ。

これらの言葉で作家、田辺聖子さんを思い浮かべたとすれば、相当な本好きにして、かつ「おちょくらない」という大阪弁にピンとくるものがあってのことでしょうね（引用はどちらも『田辺聖子全集　第5巻』「解説」より）。

牧村史陽編『大阪ことば事典』で「おちょくる」という言葉を引くと、「ふざける。からかう。馬鹿にする」などとあり、こんな句も引いてあります。「大阪の雪はおちょくるように降り　雅巳」

「おせいさん」の愛称で世代を越えて親しまれた田辺さんも、2019（令和元）年6月、91歳で亡くなられました。ここでは田辺さんの作品や遺された言葉などにふれつつ、「おせいさん」的生き方に学び、追悼の意をあらわしたいと思います。

ハイミス物を生む素地となった芥川賞受賞作『感傷旅行（センチメンタル・ジャーニー）』や、「姥ざかり」シリーズの現代小説には、重厚かつ深刻な純文学主流の文学界で、戸惑うベテラン作家がいたことも確かなようです。

ですが、ユーモアをかもし出す人間性や、生活感覚を大事にして前向きに生きる人たちを描きつつ、絶望とか最悪の状況をも笑いのめす痛快さで、多くのファンの支持を得たこともまた確かでした。

自分を笑って高める免疫力

そんな田辺さんがとりわけこだわった大阪弁は、人間を肯定する描出に生彩を放ち、ひいてはそれが田辺さんご自身をして「私は俳句より川柳愛好者」、すなわち「川柳ファン」と語らせたのではないでしょうか。

大阪の川柳結社「番傘」を率いた岸本水府〈1892（明治25）～1965（昭

和40)〉の生涯を軸に、明治から昭和にかけての庶民生活史を描く『道頓堀の雨に別れて以来なり』は上、下巻2500枚の大作でした。その著にも収められた次の2句などは、水府の名がなくても独り歩きしている名句です。

ぬぎすててうちが一番よいという
人間の真中《まんなか》辺に帯をしめ

『道頓堀の雨に別れて以来なり』の刊行時、田辺さんは毎日新聞のインタビューで川柳を「オトナの文学」で、いかにも大阪の風土にふさわしい、とこうも語っています(1998年4月2日)。

「大阪弁の中には、自分で自分を笑うという風があるんです。作者は忘れましたけど『えらいことできましてんと泣きもせず』なんて、自分で自分の難儀をおかしがってるんですね」

ぼくが選者を務める「健康川柳」にいただいた句にもこういうのがあります。

言わんとこ思ててんけど言うてまう　脊黄青鸚哥

思いあたる人もいるのではないでしょうか。ぼくにもあって、とりあえずはいうかいうまいか自問します。ま、話の流れ次第でと思いながら、雑談また雑談になったときなど、つい口にしたりします。いわなければよかったと悔いますが、あとの祭りです。

恥ずかしい言いつつ前に出るおばちゃん　田川弘子

いかにも大阪弁が表わすおばちゃんの姿です。「いややわあ。きたない顔のまんまやんか」などといいつつ、マイクの前に出てくる。自分自身を相対化してみせるのに、川柳と大阪弁は何ものにも勝る表現法か、と思わされます。ユーモアや笑いは人間の免疫力とかかわってきますが、田辺さんは「川柳やってる人は、とりわけ女の人はみんな元気や。長生きできる」とおっしゃっていました。

「とりあえずお昼にしよ」

田辺聖子さんの本に一貫しているのは、全肯定から描く人間です。愚痴ひとつふたつも包み込んで生きていきます。そこを詠み切る川柳の世界は、田辺さんの生き方ともなじむものが多々あったのではないでしょうか。

一方で、田辺さんは「奥の細道」の本も出されていますが、いろいろあっても、お互いに笑いながら生きて人生を明るくする川柳が好きだったのでしょう。またそれが文学のユーモアともなり、源氏物語を描いても田辺さんしか描けないものがあり、それがまた「宝塚歌劇」舞台の原作ともなっていったんですね、きっと。

田辺さんはぼくと同様、全日本川柳協会の顧問をされていましたので、「番傘」

とか結社の集まりにも顔を出していました。みんなで笑いながら詠む。結社でも何百人もの人が笑う。この光景に聖子さん、「本当に素晴らしい。あったかい。共感がある」と喜んでいたそうです。

わかりますね、その喜び。毎年、新春に大阪・中之島の中央公会堂で「近藤流川柳の集い」をやっていますので、共感の笑いにどれほど力を与えられているか。代わるものって思いつかないほどです。

作家の林真理子さんがやはり毎日新聞への寄稿「追悼・田辺聖子さん」で明かしている話ですが、田辺さんはカラオケも好きでした。早めに仕事を終えてご主人とカラオケに行かれていたそうです。7人くらいの店のカウンターで『昭和枯れすすき』をご主人と熱唱していた、と。難儀をおかしがる他にカラオケも忘れたらあかんということでしょう。わかりますよね。

作家の小川洋子さんが田辺さんの訃報を受けた毎日新聞での談話にこうありました（2019年6月11日）。

「先生の言葉で印象深いのは、『他人のことをかわいそうだと思えば許せる』です。人間は一生懸命生きており、生きることは切ないことだと」

最後に田辺さんの『星を撒《ま》く』からこんな言葉を引かせてもらいます。

せっぱつまって頭に血がのぼったり、もうアカン……人生ゆきどまり、と感じたとき、

「とりあえずお昼にしよ」

と声に出していうことにする。それと、「ボチボチいこか」と組み合せると、何とか、うまく切りぬけられそうな、気がするのだけれど。

田辺聖子さん流の〝老いの抜け道〟がうかがえそうな場面ですね。「とりあえずお昼にしよ」、このセリフ、覚えておきます。

やがて「その日」が来る日まで

矢沢永吉さん、70歳のヒットアルバム

50歳になったとき、ああ50か、とため息が出ました。人生も後半生か、と何か一気に老け込む感さえありました。

60歳になったときは、TBSラジオの番組担当者であったか、赤いポロシャツをプレゼントしてくれましたが、「ありがとう」の言葉とは裏腹に、ああ……60か……とさえない気分でした。

70歳になったときは、80すぎの実兄から電話がかかってきて、もう女は振り向いてくれんわなあ……と寂しいことをいわれました。納得でしたが、面白くなかったです。

けれど本当は50になったその日、60になったその日、そして70になったその日が、その人にとっての人生で一番若い日だったということはすでにふれましたよね。とにかく今になると50歳はもちろん60歳もまぶしく輝いて、その年齢の人がうらやましく思えるほどです。

その70歳ですが、ロックボーカリストの矢沢永吉さんが70歳記念で「いつか、その日が来る日まで…」というアルバムを出しました。発売するや売り切れ店続出で、オリコントップだったそうです。70歳でこの人気。相変わらずのカリスマぶりです。

アルバムのラストに入っている同名の歌が作曲、矢沢さん、作詞は80歳になる御大なかにし礼さんという豪華コラボです。

ぼくはなかにしさんとは取材や、ラジオに一緒に出た縁などでよく存じあげていますが、「矢沢永吉」の名が彼の口から出たことは一度もありませんでした。何がどうしてこうなったのか。なかにしさんが「サンデー毎日」に連載しているエッセイ「夢よりもなお狂おしく」（2019年9月29日号）によると、矢沢音楽事務所から、70歳になる矢沢のアルバムなので、ぜひ先生にこのタイトルで書いていただきたい、と頼んできたそうです。

五木ひろしさんの70歳のときの新曲『VIVA・LA・VIDA！〜生きてるっていいね！〜』もなかにしさんの作詞でした。五木さんとTBSラジオでご一緒したとき、「阿久悠さんの詞では『契り』があり、デュエットでは大ヒット曲の『居酒屋』がありますが、なかにしさんのは初めてでしょ」と聞くと、五木さん「これで御大2人がそろいました」とうれしそうでした。

それにしても矢沢さんといい、五木さんといい、歌声に渋さはましても老いなどまるで感じられません。矢沢さんには45歳のとき、美空ひばりさんの『川の流れのように』の作詞でその名をとどろかせた秋元康さんが書いた『いつの日か』という、これまたいい曲があります。

ともにロックながら、というよりロックならではのうるっとくるラインがあるんですが、なかにしさんが先述のエッセイで『いつか、その日が来る日まで…』のタイトルにふれ、興味深いことを書いています。

「語法的に正しく言うなら、『いつかその日が来るまで』か、または『までは』だろう。だがそう言うと、言葉が真ん丸に収まってしまう。真ん丸に収まるなんてつまらないじゃないか」

なかにしさんはタイトルをそう理解して、矢沢さんは「やはり、ロックしてるな」と思ったのだそうです。確かにロックしてるけれど、アルバムには「本物の大人のロックンロール＆ロマンス」と銘打ってのリリースでした。70歳、すなわち本物の大人――いいなあ。この感覚。だから歌を聴きつつなおさら思うんですね。自分にとっての「その日」とは……と。

今日という日は明日へとつなぐ日

今、改めて人生を省みて、心ひとつでこの世を渡ってきたと思うと同時に、それはこれからも変わるまいとも思っています。

胃がんの手術は当時は開腹、要は切腹です。腹を切る。ぼく自らが作ったストレスもあれば、いっぱいストレスを作ってくれた上司もいました。新聞は新聞で修羅場の社会部で息が抜けませんでしたし、雑誌は雑誌で売れないと始まりません。毎週の売り上げが発表される場は、誰いうとなくお白洲でした。

もちろん自らが招いた病です。働く人間にとって、競争もなく、嫌な奴が1人もいなかった職場なんて世にあろうはずもありませんが、それでも今なら対処の仕方は変わっていただろうと思われます。ま、そういうことはいずれどこかの項でふれさせてもらいますが、切腹時のぼくの思いは、それでも生きよ、と生命を与えてくれるのなら、何よりも心がけというか、心の持ち方というか、とにかく心のありようを改めて生きながらえようということでした。

70歳は孔子の論語ではこうあります。

「(七十にして)心の欲する所に従いて矩《のり》をこえず」

孔子というと、何か学問的な教養という印象が強くありますが、「心の欲する所」とあるわけですから、心も体も大事と、人間を全体的にとらえているわけです。

後半生は一日また一日と、一日をどう生きるかだという、そういった趣旨の言葉はたくさんあります。そうだなあ、とぼくも思っていますし、現に『今日という一日のために』と題した本も出しています。

ただ最近はこうも思うようになりました。今日という日は明日へとつなぐ日でもあると。明日へとつないで初めて今日という一日に心を込める意味があるのでは、と。

心の杖となる川柳も「健康川柳」には例えばこんな句があります。

もう一度無いと知りつつ日々暮らす　山下博美

さて、そうして日を日につなぎ、やがて「その日」が来るのだとしても、「その日」までの望ましい老夫婦の仲は、川柳でもよく詠まれています。とりわけこの句など「健康川柳」の代表的な佳句でしょう。

おじいちゃんおじいちゃんあぁおばあちゃん　西滝一彦

長年連れ添った夫婦ならではの会話に、「ああ」という返事。それが何ともいえない間《ま》になっている。そこにまた人間的なぬくもりが感じられるんですね。

格好とか体裁が作る心の若返り

身づくろいは寿命にプラス

ときどき思うことですが、衣替えの季節に洋服ダンスを開くのって、微妙な感覚がありますね。この服、今年も着られるかな、来年だと……などと先々を案じたり。

クリーニングに出そうか、どうしようかといったことでも迷います。年々そういう気持ちが強まっているようです。

それでいてぼくは、衣服を買いに行くの、嫌いじゃないんです。いい年をして若い子の行くカジュアルな店にもよく行きます。永ちゃん（矢沢永吉さん）のヒット曲を思い浮かべて唇にロックを！　の気分で入っていく……というのはジョークですが、少しはそういうところもあります。

値も安いから、ジャケットでもTシャツでもパッパッと買ってしまいます。

帰ってきて、鏡の前で着るんです。Tシャツの上にこのカーディガンを羽織ったら結構合うんじゃないかとか、色は白もいいけどグレーもいいなあとか、丸首シャツの方が似合うかな、とか。いってみれば、1人ファッションショーです。いい年して。

ですが、これが楽しいんですよね。格好とか体裁とか、装うものって前向きの力を与えてくれます。

女性がちゃんと身づくろいして出かけるというのも長寿につながっているのでは、とこれは前から思っていることです。回覧板を2、3軒先に届けるだけでも鏡でチェックするほどですから、お出かけとなると気合いの入れようも違います。でも、それがいいんだと思います。人は見かけによらぬものなんていいますが、見かけによるところ、結構大きく、寿命にはプラスになっているはずです。

そうそう、こんな「健康川柳」、いただいています。

やる気出ず「よっしゃ化粧!」と立ち上がる　田川弘子

何をどう着ようかと思うだけでも頭は柔軟に

話は変わりますが、国立がんセンター名誉総長などを経て現在、日本対がん協会会長の垣添忠生先生は、肺がんで最愛の妻を逝かせたがん専門医としての無念さから、がん検診の受診率向上に取り組んでいます。先生は、それが残された人生の目標です、とおっしゃってます。

2007(平成19)年末に最愛の伴侶を亡くした2年後、先生は立ち直るまでの無力感と喪失感の深さを『妻を看取る日』に著していますが、そんな折、MBSラジオで話をうかがう機会がありました。

深酒して生活も乱れがちだったものの、ホテルの地下の靴屋さんで革靴をきれいに磨いてもらうと、気持ちもしゃんとしたといった話のあと、「元気を保つには身だしなみも大事ですね」と話していたのが印象に残っています。

もうひとつ、先生の身だしなみの話で忘れられないのは、西本願寺の津村別院が発行する教化誌（2019年3月号）の特集「看取り看取られ」に載っていることんなエピソードです。

「妻の入院中、病室に行くと、私が着ているスーツを見ては、『よしっ』とか言ってました。十一年が経った今でも、毎朝、妻に怒られないよう真剣にスーツを選んでいます」

ぼくもスーツは持っていますが、定年後、ネクタイをする機会は減りました。型にはまった格好から抜け出ると、外出する際、何をどう着ようかと思うだけでも、柔軟な頭になる感があり、意外なほど内面に働きかける力を感じます。家族のうち娘さんからファッションのことをいわれ、「いいんだ、俺は」といいだしたら、老け込むのも早いそうですよ。

そうそう、老眼鏡、必需品ですよね。60歳をすぎると進行はほぼ止まるそうですが、ぼくは若い頃からサングラスをかけていましたから、眼鏡屋さんにはよく行きます。先日、ビートルズのジョン・レノンがかけていたのと同型のフレームが売られていたので、買い求め、老眼鏡にしてもらいました。

老眼鏡をかけて気が若くなるって、何がいいたいんだと思われるかもしれませんが、外相と内相とはお互い気持ちを整える上で影響しあっているそうですよ。念のため。

この項の締めにこんな「健康川柳」を。


若作りしているうちはまだ若い　　安田玲子

〝年齢フリー〟で好きなことを

老成していた明治・大正の文豪たち

柿くへば鐘が鳴るなり法隆寺

正岡子規、28歳の句です。その親友の夏目漱石は中学校の教師として愛媛県松山市に赴任した28歳の頃、

叩かれて昼の蚊を吐く木魚哉

と詠んでいます。

人生80年、いや今や100年なんていわれていますが、明治の中頃は新生児・乳幼児がたくさん死んでいたこともあって、平均寿命は男女ともまだ50歳には達していませんでした。

正岡子規は34歳で亡くなりましたが、俳句の世界に残した功績は語り切れないほど偉大です。漱石の功績はいわずもがなですよね。49歳で亡くなっています。49歳ですよ。あれだけの作品を書いて。

漱石とくると正岡子規ともう1人、芥川龍之介にもふれたいですが、彼は漱石が亡くなる前に門下生になります。

そのときが23歳で、漱石が絶賛した「鼻」など、人の幸福をねたみ、不幸を喜ぶ人間の心理などを若い頃から深く描いています。35歳で自ら生涯を終えますが、御三方のありようを見ても、いかに老成していたかがうかがえます。

生きることやその生き方というのは、一人ひとり違います。年の取り方というのは時代や社会環境とともに、その人なりの生き方とか、個性とか、いろんなことで変わるのは、至極当然なことでしょう。

ですから、一律に同じように年を取っていくかのように65が来たら高齢者だとか、75が来たら後期高齢者だとか、一方的にそういういい方をしてそれでいいのかなと思うところがあります。

社会保障のあり方もそのことと関連します。いわゆる少子高齢化の社会で、若者が高齢者を支えられるのか、いや、それはとても無理だってことが明らかになるなかで、医療費の自己負担額も気になりますよね。お金のある人が相応の負担をすればいいんじゃないかという考え方まで出てきたりしていますが、それらのことはほとんど年齢とかかわってきます。

年齢からどんどん自由に

ですが、これまでもふれたとおり、65歳は65歳の、70歳は70歳の心身というわけではありません。城山三郎さんのエッセイ『人生余熱あり』の中での一文が、ぼくの印象に残っています。

（前略）「年相応」という言葉にも、疑問が湧く。年の取り方には個人差があり、高齢になればなるほど、その差は開く。このごろでは、同窓会に出る度に、かなり老けた友と、あまりにも若い友が居て、これが同じ年齢なのかと、首をかしげてしまう。

もちろん、外見だけでなく、心の年齢にも大きな差があるはずであり、そうなると、いわゆる年齢には、「四十の二倍」とでもいった記号か符牒の意味ぐらいしかなくなってしまう。

その上で城山さんは「年齢からどんどん自由に」と訴えていました。

仕事を続けるかという選択をはじめ、第2の人生をどう生きるかは熟慮すべき問題ですが、脳科学者の茂木健一郎さんに話をうかがったとき、創造力は「体験×

意欲」だと強調していました。

高齢の方はこれまで生きられたこと、それだけで大変な体験の持ち主です。問題は意欲なのですが、意欲をかきたてるものもこれまでの体験の中身に影響されるような気がします。

それ自体が感動を覚えたようないい思い出と一緒になっているとか、何かを体験したとき、年を取ったらやってみたいと思っていたとか、案外そういうことが大きいのではないでしょうか。

年不相応を楽しむのが老いの醍醐味

要は自分の胸に聞いてみることですね。胸にわきあがってくるものがあれば、それはトライするだけの価値があるということでしょう。

臨床心理学者の河合隼雄さんにとって、フルートはどうもそういうものだったようです。還暦を目前にして心のチャンネルを変えてみようと、学生時代に手にしながらマスターできなかった憧れの音色に本格的に挑戦したのだそうです。フルートを演奏するという創造性は、まさに「体験×意欲」に裏打ちされていたのではないでしょうか。

国際日本文化研究センター教授の井上章一さんのこんな話も以前新聞で読みました。

大阪のナイトクラブで初老の男性客がピアノを弾いているのを見て、嫉妬と羨望の念に「モテたい」という一心が重なり、独学でピアノに挑戦したというのです。井上さんは今60代半ばですが、「定年後は会社の肩書きなんて役立ちませんけど、少なくともピアノが弾ければただのオッサンじゃなくなる」と話しています。

好きなことをやって人の注目を集め、心も若返る。こういうタイプなら老いにもぬかりはなさそうですね。

98歳でなお現役のピアニスト、室井摩耶子さんは90歳を前にして家を新築されたそうです。
「あと何年住めるかわからないのに、よく家を建てる決断ができましたね」といわれることもあるそうですが、あと何年住めるかわからないからこそ「最後の贅沢」がしたかったのだ、と著書『毎日、続ける』に書いておられます。

昨今、「年齢フリー」という言葉も聞きます。年齢にとらわれた考え方から自由になって、前からやりたいと思っていたことを手がけるとか、自分なりの人生を描いてみてはいかがでしょうか。老いるとは、歳不相応なことを楽しむところに醍醐味があるのかもしれませんね。

おしゃべりがもたらす健康長寿

男女の寿命の差につながる雑談力

気の合った男同士だと、「じゃあ」「じゃあ」と声をかけて右、左へと別れます。でも男と女なら、たがいに「じゃあね」と「ね」の語尾に思いを込めたりするものです。

人の心は、わからないものを代表するひとつです。大学での教え子に臨床心理士になってカウンセリングをしている女性がいるのですが、「わかります」とはいわず、「わかるような気がします」と答えると話していました。悩みの相談の場での受け答えは、何よりも一緒に答えを考えてくれているという印象を与えることが大事なんだそうですね。

「寒いね」と話しかければ「寒いね」と答える人のいるあたたかさ

俵万智さんの短歌です。季節も秋に入って駆け足で冬がやって来ると、例えばエレベーターの中でのこういうちょっとしたひと言、心が温まりますよね。語尾の「ね」に親しみがこもっている感じがして。

ところが、男はエレベーターで会ってもまず何もいいません。会釈がせいぜいです。女性はそれなりに笑顔を作ってくれたりするので声をかけ合わなかったとしても居心地は変わります。

ぼくが今住んでいるところは、前に広場があって、すべり台などの遊具もあり、子どもが遊べるようになっています。

園児が帰ってくる頃になるとお母さんが子どもを連れて集まってきます。子どもは子どもで適当にすべり台を滑ったりして遊んでいますが、見ているとお母さんたちの、まあ、よくしゃべること。あれはいいんじゃないでしょうか。

ひとつの疑問に対しても、私はこう思う、私は、と意見を出し合ったりして、それが一種の雑談になっているんですね。その輪の中で共感ができつつあるような場面もときどき見ます。

子どものことに対して親は熱心だから、ああした方がいい、こうした方がいいと、みなさんの脳の血流がストップしていないのは、見ていてもわかります。

おしゃべりは女の憩い缶ビール　中島春江

そんな「健康川柳」がありましたが、おしゃべりっていうのは、健康長寿には欠かせないとよく聞きます。とりわけ雑談を通じて共感を得るって素晴しいことですよね。

女の人は男の人よりはるかに外向的、かつ開放的で、それが男女の寿命の差につながっているという見方もあるほどです。

恥多き人生はよく生きた証

親子の間での雑談も減っているようです。子どもはスマホ、パソコンとともに自室にこもり、親からその姿は見えない。

一緒に物を食べながら話すというのは人間特有のコミュニケーションなのですが、ともに食卓を囲んでいたとしても、子どもはスマホに目を落とし、LINEなどSNSに夢中です。話しかけてもうわの空で返事をするだけ。家族のありようも激変しつつあります。

いろんな事件が起きて報道されますが、ふだんから親子の会話が成立していないから、真剣に話し合わないといけないときにも話し合いができていない。それで親にしてみれば、思いもよらない行為に子どもが走っていったということを、事件後、問わず語りに話すケースが多いようですね。

テレビを一緒に見たり、日々の出来事について会話をしたりしていれば、子どもたちは、ああ、親父は以前俺のいっていたことを覚えていてくれてたんだなとか、親父も物わかりのいいところがあるんだなとか、いろいろ思うわけですが、それも今は各自めいめい、雑談は居間からもどんどんなくなりつつあります。

女子高校生の話ですが、部活の人間関係で悩んでいたとき、たまたま行った祖父母の家で、祖父から「学校、面白いか？」と尋ねられたのだそうです。

小さい頃はよくしゃべっていた祖父でしたが、だんだんと会話も弾まなくなり、祖父の一方通行の話しかけが多くなってきていました。

いつもなら「まあ普通」とか「楽しくやってる」などひと言で終わる話が、その日は咄嗟《とっさ》に「部活の先輩がね」と悩んでいることをしゃべり始めてしまったのだというのです。たったそれだけのことで随分気が楽になった、と。

話には話す人の人生が映し出されるものです。つまるところよく生きて、その人生体験をよく語り得るといいのですが、といってよく生きるということは何もパーフェクトな人生を意味するわけじゃないんです。否、むしろ滑ったり転んだりするのが人間だとすれば、恥多き人生のほうがよく生きた何よりの証かもしれません。

楽しくしゃべりましょう。失敗談もまじえて。高齢者の存在感は案外、そんなところで増すかもしれませんよ。

死なないですむがんで死ぬな

がんで死ぬのはもったいない

最近耳にしませんか。がんで死ぬのはもったいないという言葉を。早期がんなら9割以上治るといわれています。全体でも6割以上という説もあるくらいです。

思い出すのは、住之江区の医師会長だった濵﨑寛先生の病院へ診察を受けに行ったときの、診察室の掲示です。こんなことが書いて貼ってありました。

「死なないですむ病気で死ぬな」

併せてがんの病名が書かれていました。

「胃がん、大腸がん、食道がん、肺がん……」

これらがなぜ死なないですむ病気なのか。濵﨑先生は行政や住民組織と連携した便潜血検査の集団検診とその啓発に取り組んできた方だから、きっとこう答えるでしょう。
「早く見つかれば、皆、助かりますがな」

2019（平成31）年1月、厚生労働省は2016（平成28）年施行の「がん登録推進法」に基づく新規がん患者数を99万5132人と発表しました。部位別の男女合計では1位「大腸がん」15万8000人、2位「胃がん」13万5000人、3位「肺がん」12万5000人と続きます。

大腸がんは今や先進国では日本だけが増加しているのだそうです。その現実を知ると、今日を見通していたかのような「住之江方式」の全国的な広がりを願わずにいられませんが、がん全体の新規患者数から「がん患者100万人時代」という言葉が「人生100年時代」とともに時代のキーワードになりつつあります。そして懸念されているのが高齢社会での働き手のリスクです。

定年を迎えられる人にとっては、定年は会社のためから自分のために、自分を殺すストレスから自分を生かす脱ストレスへと変われる最大の転機です。他人の価値観から自分の価値観へといった転換も可能になるでしょう。

定年後も働くとしても、徐々にでも自分を生かす人間へとハンドルを切り替えてしかるべきかと思われます。

でも、その矢先、念のためにと受けた検査で、がんが末期になっていたという話、なくもないんです。一方、奥さんの方はというと、仕事人間の夫の存在はやはり心配の種です。

以前、毎日新聞に、高齢者の死亡関連要因で妻にとって一番のハイリスクは夫だという、愛媛大医学部の調査結果が出ていました。

友人のお母さんも早く夫と死別していますが、年2回は友だちとハワイへ行くのを楽しみにしています。喜寿の祝いの席でお母さんはこういったそうです。

「お父さんのぶんまで、まだまだ人生を楽しませてもらいます」

病院に無理にでも行かせればよかった

一方で、夫を亡くしたことを友人知人に話せずにいる奥さんもいます。悲しみが深すぎて口にすることができないのです。受け入れられないのです。

何年かの月日が過ぎ、そんな奥さんがふと口にするのが「病院に無理にでも行かせていたら」という言葉だとか。こんな話があります。

夫は胃が痛い、下痢をすると症状を訴えながらも、妻にいうだけで決して病院へは行かない。市販の痛み止めや下痢止め、整腸剤、あれこれ服用しては少しよくなったなどという。

「これががんやったら、いくらなんでも市販の薬は効かんやろ。痛みがましになったゆうことは、がんやない」

そんな素人判断で日々ごまかしている間にも、刻一刻と最期のときは迫っていたのです。

病院へ行くように、検査を受けるようにとすすめては口喧嘩。その繰り返しに奥さんも疲れ、心配をしながらも気にせぬ素ぶりで暮らしていたのでしょう。

あの頃を振り返って奥さんはいいます。

「何としてでも検査に連れて行くべきだった。生きていてほしかった」

外出しての帰り道、駅前の和菓子屋で、

「どら焼きふたつ」

今もふたつ買っているそうです。

「普通が一番！」で生きてみませんか

散歩道の欅に思う「覚悟はいいか」

よく思うのです。毎日の散歩道で足を止めて見入る木が1本あることのありがたさを。四季折々の風趣に富む木だとなおさら感じ入り、来し方行く末への思いまでも深めさせてくれます。

ぼくにとってのそんな木は欅《けやき》です。胃がんで入院中の病室に持ち込んだ文庫本の中の一冊、藤沢周平さんのエッセイ集『小説の周辺』に出てくる欅に心が動いたんですね。

小学校の敷地をはなれると広い芝生のある道に出て、芝生のむこうに大きな農家と見事なケヤキの大木が見えて来る。冬の木々は、すべての虚飾をはぎ取られて本来の思想だけで立っているというおもむきがある。
もうちょっと齢取るとああなる、覚悟はいいかと思いながら、道をまた右に曲って（以下、略）

このエッセイのタイトルがサイモン&ガーファンクルのシングルと同名の「冬の散歩道」だったことにもつかまれ読んだのですが、入院中とあって一語一句が深く入ってきましたね。

今は、散歩コースの公園内で1本そびえ立つ欅を見上げて、ああと声をもらしたりしています。

欅は樹形がいいんですね。扇が半開きしたようで、たたずまいが優雅なんです。春から夏にかけては、若葉が日ごと緑を増すにつれて枝が左右に広がり、一層見ばえがします。直立する太い幹から分かれた枝は、幾つも空に向かって伸び、先端の梢はこれ以上はと思える細さです。

ふと、見えない風を見ているような気になります。さわさわと吹く風が樹形そのままに感じられるのです。日が差し込むと光と枝葉が模様を織り成して、実に見ごたえがあります。

晩秋の黄葉もいいですね。が、それもひとときのこと、みるみる葉を落とし、枝を大きく広げた裸木です。「欅枯《けやきか》る」という季語がありますが、直立しているその姿を見ると、そうなんです、藤沢周平さんが欅を眺めつつ胸に問うた「覚悟はいいか」という言葉が頭をかすめるのです。「覚悟」——相当な心の準備を要する言葉ですよね。

日暮れまでをどう生きるか

思い返してみると、藤沢作品には欅がよく描かれています。微細な光と影の自然描写は氏ならではの達者さですが、欅を描いた場面は格別です。『蟬しぐれ』

では少年藩士の文四郎が切腹前の父と対面したあと、欅の大木に額を押し付けて男泣きします。

最晩年の短編「静かな木」は、古寺の境内に立つ晩秋の欅そのものが題名になっています。隠居の武士、孫左衛門の心の内を映しつつ、氏は欅をこう描いています。

（前略）空にのび上がって見える幹も、こまかな枝もすがすがしい裸である。その木に残る夕映えがさしかけていた。遠い西空からとどくかすかな赤味をとどめて、欅は静かに立っていた。

――あのような最期《さいご》を迎えられればいい。

ふと、孫左衛門はそう思った。

といって、世俗はなお絶ち難い。そして後日、孫左衛門は思うのです。

「ふむ、生きている限りはなかなかああいうふうにいさぎよくはいかんものらしいて」

ぼくはこの「静かな木」と、藤沢作品を代表する一冊『三屋清左衛門残日録』を対で読み直すことがあります。「静かな木」は氏が69歳で亡くなる3年前の1994（平成6）年の作で、『三屋清左衛門残日録』は、1989（平成元）年、62歳のときの作です。5年の開きがありますが、藤沢さん自らは「老い」のテーマと取り組んでいた年代の作品といえます。そこに通底しているのは老いを見すえて日々をどう生きるか、でした。

2007（平成19）年、氏が亡くなってから10年の記念企画が相次いだことに加え、その年、60歳になる団塊の世代のお父さんらが、隠居の武士の新たな人生を描いた小説ということで手に取り、藤沢ブームがおきました。

それから10年後の2017（平成29）年は没後20年記念と銘打った作品のドラ

マ化が話題となり、再びの藤沢ブームでした。

『三屋清左衛門残日録』はテレビでもよく放送していますが、定年後のサラリーマンがとりわけよく読む本です。

すっかり日が暮れるまではまだ間がある。ここをどう生きるかという本です。多少の哀愁はあるのですが、まだ光は残っている。清左衛門は日記を書こうとします。することがないから日記を書くんじゃないんです。これから自分はどうやって生きていくか、好きなこともやりたい、道場にも行きたい、いろんなことをやりたいと思っています。世俗とふれあったまま生きたい、世俗の埒外では生きたくない、とも思っているのです。

『三屋清左衛門残日録　完結編』がBSで放送されたときには翌朝、携帯が鳴り、藤沢周平ファンの友人からで、おたがい感想を話しあいました。語らったのはもっぱら三屋清左衛門の生き方です。「老いても、あんなふうに生きがいを持てたらと思うよ」と友人。その頃、友人は定年後の毎日をもてあますように電話をかけてきていました。「毎日が日曜日、毎日が生前整理だ」と冗談ぽくいっていました。

藤沢さんが書きたかったのは、老いたからといって社会の埒外に自分を置いちゃだめだということでした。世間からの隔絶というのはよろしくない、と。それなりに俗世間とかかわって、十分にこれからも楽しめる。だから残日の日記は決して自分の人生を閉じようとして書くんじゃないんだ、と。

藤沢周平さんが娘に伝えた「普通が一番」

ところで、こういうふうに1人の作家のファンになると、ふだんはどんな人なんだろう、とよく思うんですね。

幸いというか、藤沢さんには一人娘の遠藤展子さんがいらして、彼女がお父さんの没後20年企画にちなむ一冊『藤沢周平　遺された手帳』を書き下ろしています。没後10年には『父・藤沢周平との暮し』を出版して父の素顔とともに、父からいわれて心に深く残った言葉の数々を紹介してくれました。

『父・藤沢周平との暮し』から列記しておきます。

「普通が一番」

「挨拶は基本」

「いつも謙虚に、感謝の気持ちを忘れない」

「謝るときは、素直に非を認めて潔く謝る」

「派手なことは嫌い、目立つことはしない」

「自慢はしない」

さらにこうも書いています。

「そして、父の基本姿勢は、戦わずして勝つことにありました。父は、これが嫌だとか、これはいけないとか、相手を否定したり非難したりするようなことは言いません。代わりに、自分が駄目だと感じたことには、断ることで相手に理解してもらおうとしていました。そのへんが、父のカタムチョ（意固地・頑固）な性格なのだと思います」

こういう話はまだまだ続くのですが、こういう人柄を知った上で、ぼくがすぐに思い出すのは、没後20年記念で開催された「藤沢周平展」の会場、日本橋三越本店7階ギャラリーで目にした氏自筆の原稿です。

話には聞いていたのですが、その原稿用紙は特製ではなく、市販のコクヨでした。茶色っぽく色が変わっていましたが、それがコクヨの原稿用紙ならではの〝普通っぽさ〟を思わせ、「原稿用紙も普通が一番」と氏がいっているようにぼくには感じられました。

散歩の話から、思うまま文字を連ねてきましたが、藤沢さんが小説に書くとおり、いくら年を重ねてもいさぎよくは生き難いものです。でも、普通が一番！　そう思うと、何か呼吸まで楽になる感を覚えます。それにこういっては何ですが、普通でいいなら何とかなりそうですよね。

普通が一番！　を合い言葉に老いの抜け道もご一緒しませんか。

職業によって長寿、短命はあっても

なぜお坊さんは長生きか

少し古い調査になりますが、ある女子大学の教授が中心になって職業と寿命の関係を調べたら、奈良時代の昔から、お坊さんらすなわち宗教関係者が一番長生きしているという結果が出たそうです。

一応の説明はついているんです。

過食しない／心身の修養を積んでいる／森林浴／読経／規則正しい生活……ちょっと皮肉をいわせてもらえれば、近年なら税金を払う苦労がないというのもあるかな？　どうなんでしょうか。

ぼくの初任地は京都支局でした。最初に京都駅を担当して警察、裁判所などを回ったあと、3年目に希望がかなえられて京都の宗教・文化を担当することができました。うれしかったですね。あの司馬遼太郎さんも京都支局では同じく宗教・文化を担当していたと聞いていましたから。

東西両本願寺にそれぞれ日本で唯一の宗教記者クラブがあって、毎日、1度はそこへ顔を出していました。西本願寺の記者クラブでしたか、奥まったところのあのソファでよく司馬さんが昼寝していたと先輩記者から聞いて、たわむれに横たわってみたりしたものです。

といったことはともかく、お坊さんの長寿ですが、その頃、大西良慶さんが清水寺の貫主でした。お元気でいらして、法話を聞くこともありました。白寿の祝いのとき特別に筆をとって「寿」と書いていただいたのが今も額に入れて家にあります。107歳まで元気でおられて、その頃の百寿者を代表する人でもありました。

当時は、有名だったのが「良慶節」として親しまれた説法です。101歳のときの教えをまとめた著書の『ゆっくりしいや　百年の人生を語る』でもいろいろ紹介されていますが、ぼくがとくにいいなあと思ったのは、こんな言葉です。

「人間というものは、弱いものなの」

「無欲では生きられないの」

欲望やねたみ、執着など煩悩の多い人間を理解した上での説法がとくに印象に残っています。

「あいうべー」で喉を丈夫に

さて、逆に短命といわれている職業ですが、ある保険会社の調査などでランキングされたデータがあります。察しはつくでしょうが、やはり過当競争の激しい現場で働く人たちが上位を占めています。新聞、出版、放送などのメディア関係です。

第一線の記者時代、とりわけ事件記者の時代は夜中の2時、3時までの過酷な競争で肉体を酷使しました。もちろんその見返りのスクープには笑顔また笑顔、いやいや涙したこともありますが、体は本当に泣いていたことでしょう。

これらのハードな記者生活に加えて売り上げ競争の激しい週刊誌の編集長……すでに書いたことですが、胃を切って約2ヶ月入院しました。

ただ、この入院生活、日常の心がけの面でも教えられたことが多々ありました。そのひとつはおしゃべりの効用です。何しろ病床の身での貴重な体験ですから、ここに書き留めておきたいと思います。

手術して1週間ほどたったころ、術後にぼくの主治医になった先生が「近藤さん、ラジオでおしゃべり始めたら」とすすめてくれました。先生はもともとぼくがラジオに出ていたことを知っていたのですが、回診時のぼくとの雑談から、言葉数が元気度を高めていると気づいたのだというのです。

入院するまで平日は毎日出ていたラジオを電話で再開しました。病室の電話とMBSラジオのスタジオをつないでの10分足らずのおしゃべりですが、しゃべり終わってかく汗の心地よさ。

ぼくの病気を作った大元に免疫力の低下からの自律神経の乱れがあったわけですが、しゃべるということで元の状態が多少とも取り戻せたようでした。

先のお坊さんの長寿にしても、日ごろの法話でのおしゃべりが随分プラスに作用しているのではないでしょうか。しゃべると身体が喜んでくれる――これは信じていいことだと思います。ブスッとしているより、はるかにいいこともまた確かです。

ですが、日によって一日中誰とも口をきかなかったという日もないではないですよね。そういうとき、ぼくは立ち上がる際「よっしゃー」って声を出します。風呂に入ったら「あいうべー」って叫んでます。それでだいぶ違うような気がしています。

「あいうべー」というのは、ある医師がテレビで50音図の第1行「あいうえお」を「あいうべー」と言いかえ、「べー」のところで舌を出すと喉が丈夫になり、風邪や誤嚥《ごえん》性肺炎の予防になると話していたのを見たんです。風邪から肺炎になったことが何度かあったので、それなら風呂の中でやってみようと、その日の入浴時からとりあえず30回を目標に「あいうべー」「あいうべー」と声を上げ始めました。

でもこれ、本当にいいような気がします。ときどき「あいうべー」が「あかんべー」といい間違え、自分でも大笑いして、笑いもまたいいんだと「あかんべー」もあり、で続けています。

知り合いのラジオのリスナーから声がよく出ているといったことをいわれますが、それも「あいうべー」の効果によるものかもしれません。

言葉ひとつで寿命はのびる

がんを告知された人の3割がうつ症状に

いろいろ書いてきましたが、要は心ひとつ、老いも、病も、心ひとつで乗り切ろう、と訴えてきたつもりです。

さて、そうした心のありようですが、深刻なのはやはりがん患者とその家族のみなさんですね。でも、医療現場は治療で手いっぱい。患者や家族の心の苦しみを軽減することにまで手が回りません。

何とかその隙間を埋めようと、順天堂医院に無料の「がん哲学外来」が誕生したのは2008（平成20）年1月のことでした。創始者は順天堂大学医学部教授の樋野《ひの》興夫《おきお》先生です。

日本人の2人に1人ががんになり、3人に1人ががんで死ぬ。一方、がんの告知を受けた人の約3割がうつ症状に陥るといわれています。

この現実を反映してでしょう、「がん哲学外来」はぼくが樋野先生を取材で訪ねた2015（平成27）年には一般社団法人化されていて、病院での外来形式から、くつろいだ雰囲気のメディカルカフェ方式まで、全国約80ヶ所に広がっていました。

「がん哲学外来」の「哲学」ですが、philo（愛）sophy（智）の訳語です。愛と智から成る哲学。それが医療の現場で存在感を増している。いいですよね。

ぼくががんと告げられたときのことはすでにふれましたが、ベテランの先生によっての告知でしたので、むしろ気が楽になったほどです。ですが、ふつうはなかなかそうはいかないでしょう。

樋野先生は重く告げるがん告知の傾向に、病状が急変しても非難されないようにという医師の思いを推察しつつ、こうも話していました。

「日本の医学部教育には対話学が存在せず、患者との対話の仕方を知らない医師も少なくない。患者との対話には正論より配慮が求められるのです。患者と医師に信頼関係があれば、同じ話であっても患者が傷つくのを少しでも避けられます」

米国の医学部では会話を想定した作文を書かせ、話し言葉の荒っぽさや無神経さを直させているとの記事を「ニューズウィーク」誌で以前読んだことがありますが、樋野先生は「〝言葉の処方箋〟は無料で副作用もない。私たちの外来に来た人は対話の前よりあとの方が良い表情で帰られます」と患者を救う言葉の大切さを強調されていました。

このほか、インタビューでぼくの印象に残った先生の言葉を紹介しておきます。

「がんは不良息子のようなもの。敵ではなく自分の身内です。だから、おとなしくさせて転移を遅らせ、共存することが肝心です。病気（がん）になっても病人になるわけではない。病気になっても、普通の人と同じように人と交流したり楽しんだりしている人はたくさんいます」

「病気になったことも、治療が効果をあげるかどうかも、自分ではコントロールできないことですから、悩みを抱える自分のことは放っておくことも大切です。人生8割で自分のことを考えていたら、それを4割にすれば、そのぶん他者について考える時間を増やすことができるでしょう」

自分の病気より他者に関心を持つ

そうそう、樋野先生には『明日この世を去るとしても、今日の花に水をあげなさい』と題したベストセラーがあります。神学者、マルティン・ルターがいった「もし明日世界が終わるとしても、私は今日もりんごの木を植えるでしょう」を先生なりにもじったものですが、「自分の病気のことばかり考えるのではなく、自分以外の他者（りんご）に関心を持つ。そうすれば自分のなすべきことが見えてきます」とも話していました。

先生の「がん患者を勇気づける80の言葉」を収めた『病気は人生の夏休み』という本も赤線だらけにしてしまいました。

〈耐えられる範囲でしか、苦労は与えられない〉という言葉に、そう、逃げ道、抜け道は用意されていますから、とぼくはうなずいて赤線を引いていましたし、またこんな言葉もあります。

〈死に無頓着になる。たいていのことはほっとけ〉

いつかは死ぬ。自分でコントロールできないことは気にしない。そんな心づもりでいいというわけでしょう。

〈言葉ひとつで寿命は延びる〉

これにはこんな説明がついています。

「言葉が想いを変え、想いが行動に反映されるのです。（略）がんが治ったというわけではありませんが、言葉ひとつで変わることは確かにあります。寿命もその1つです」

もうひとつ。

〈明日よりも今日の方が大切〉

そのわけを先生はこう付記しています。

「不安は未来からやってきます。不安に飲み込まれてしまいそうになるのは、『いま』が抜け落ちているからかもしれません」

思えば思われる、それが人間の関係です

相手に抱く印象には自分自身が反映される

人間は誤解されたまま生き誤解されたまま死んでいく

「サンデー毎日」で連載中の「五木寛之のボケない名言」で紹介されていた作家、石川達三さんの言葉です。誤解されない人間なんているのかなあとも思えますし、わからんでもないなあとうなずけました。

50過ぎに胃がんを患ったとき、大阪の先輩が電話で、「がんってまた何でやねん」と聞くので「ストレスで免疫が落ちたんや思います」と答えました。すると先輩は「ストレスって君がか」って意外そうにいうんです。人間生きていれば誰

しもストレスはあると思うのですが、先輩の言葉に心理学の本で読んだ一節を思い出していました。

こういうことです。相手に抱く印象には自分自身が反映される。おしゃれな人だなと思うのは、自分もおしゃれに関心があるからだ、と。実はその先輩、多彩な趣味をみたしているような仕事ぶりながら、それが好評で、およそストレスなどとは無縁そうに思える人だったんですね。

こんなことをいうと、また誰かから、えっ、君が？　といわれるかもしれませんが、ぼくは人の顔を見るのが苦手で、第一線の新聞記者の時代から、ずっとサングラスをかけています。かけると気持ちが楽になるのです。そんなぼくなんですが、怖い顔をするとか、鋭い目つきなどとよくいわれてきました。

何でもない話をしているときに兄もそういう目つきをするので、筋肉の動きでそう見えるのでしょうが、ぼくの場合は社会部記者のイメージも重なるのでしょう。

もとより人間心理は複雑です。自分でも気づいていない心の動きがあるというのに、相手の本心を読むなど、容易なことではありません。表情で心を読み取るといっても、ポーカーフェイスの人、いますよね。

ひとつの説ですが、驚きは顔全体に表れ、怖れは顔の上半分、喜びは口元付近の下半分に表れるといわれています。いや、これだってひとつの見方でしょう。

苦手な人とうまくやるコツ

人それぞれ、とにかく人間関係は難しい。苦手な人物はいろいろいます。嫌いだからつきあわないですむならそうしたいです。

しかし職場などではそうもいきません。どうするか。

とりあえず見方を変えてみます。彼のいいところはどこだろう。その人ならではの持ち味はあるものです。悪いと思えるところでも、見方を変えればそれがその人の憎めないところだったりもします。

自分勝手だなあ、調子がよすぎるよ、などと腹が立つような人も、じゃあそこを直してもらうとどうでしょう。その人のキャラクターが変わってしまうのではないですか。お調子者だからこそ、ムードメーカーでもあり、笑わせてもくれるのです。

融通が利かないで困るような人も、生真面目すぎる分、きちんと丁寧な仕事をしてくれているものです。

臨床心理士がいっていました。「相手を認めることが私たちの仕事の基本です。悪いところを直してあげようなんて思っていたら、みなさん心を開いてくれません。いいところを探して相手の存在をちゃんと認める。そういう人間関係ができて初めて向かい合えるんですね」

ぼくふうにいえば、それは「思えば思われる」関係です。それはテクニックでもなんでもありません。自分が相手に好意を持って接すれば、相手も好意を持ってくれるものです。心理学でいう「好意の返報性」ですね。反対に自分が相手のことを嫌えば、相手も自分を嫌う。「嫌悪の報復性」ですね。

要は苦手だなあと思っても嫌悪しないことが大事なんですね。何とか相手のいいところを見て好きになろうと努力する。そういうふうに接していると相手も変わってきます。

人はみんな不完全で未完成

実はぼく自身、苦手な人物がいました。しかし仕事の関係上、敬遠ばかりもしていられない。あるとき、ぼくは気持ちを切り替え、彼のことを見直してみました。そして、いろいろ気づいたんですね。

第一彼はぼくにはない人脈を持っている。そのなかには名の知れた作家たちもいる。あの作家たちと交流があるというのは、きっと彼なりの魅力があるからだろう、そう考えるようになると、いつの間にやら2人の間にあった冷たいものが溶け、とうとう仕事帰りに一杯やる仲にまでなりました。

人間は関係性のなかで生きています。自分と人、物、自然との関係。難しいのは人と人、つまり人間関係ですが、先述したとおり「思えば思われる」、それが人間なんですね。

好意を持つというのは人間関係のある種の知恵です。苦手意識ってお互いが作っているのです。意外にハードルはそう高くありません。

自分なんてたかが知れています。失敗もするし、人よりできないこともたくさんあります。人を嫌いにもなるし、嫉妬だってしてします。もちろん欲もあります。完全からはほど遠い、１人の小さな人間です。人はみんな不完全で未完成です。それなのにすべてがわかっているような顔をしてカッコつけるからわかりにくくなるんですね。

つくづく人間って不思議やなあと思います。こんな川柳があります。

同病と聞いて許せる嫌な奴　　三宅一歩

電話をかけてきた友人が、病院に行ったら、『ますます健康川柳　２１０の教え』が置いてあり、その帯に書いてあった、とその川柳を口にして笑っていました。ぼくが選者を務めているＭＢＳラジオ「しあわせの五・七・五」への投句から選んで編んだ本ですが、みなさんの生き抜く力が満載です。

嫉妬しているような相手でもお互い病気したら仲良くなれたりするものなんです。もう一句。

共に病み近所付き合い深くなり　　　　あかさたな

〈がんは、万が一じゃなく二分の一〉の意味するところ

日本のがん検診受診率はまだまだ低い

何度かテレビで見ただけで、画面上のキャッチフレーズを覚えてしまったのがこの言葉です。

〈がんは、万が一じゃなく二分の一〉

新聞広告でも同じフレーズを目にしていたので、なおさら頭に刻み込まれたのでしょう。ACジャパンの支援を得た公益財団法人日本対がん協会のCM・広告で、がんの早期検診・早期治療を訴えてのものです。

「万が一」と「二分の一」の対比に、強引な印象も受けますが、テレビのCMでは「日本人の生涯で2人に1人は……」とナレーションがあり、新聞広告でも

同様の説明が記されています。つまり「二分の一」はあくまで生涯、いってみれば平均寿命の80過ぎまで生きたとしての割合なわけです。

ですから30歳、40歳、50歳の人が、2人に1人というのではないのです。例えば60歳ならどれくらいかというと、10人に1人の計算になります。

といって、なーんだ、そういうことか、と思ってはなりません。がんのリスクは年齢とともに高まります。日本で年間100万人ががんになりますが、7割以上が65歳以上です。加えて少子高齢化の長寿大国ですから、今や日本は世界でも有数のがん大国なのです。

欧米では70〜80％の人が検診を受けていますが、日本では目標の50％を切ってまだ約40％程度です。だから死亡率も高くなるのです。

日本人も欧米風の食生活になり、男女ともに長寿といわれた沖縄でも男性の方は大腸がんが増えています。若い頃に検診を受けて異常がなかったからといって安心はできません。

結局、老いとともに2分の1ががんで亡くなるということ、そこの自覚があるかどうかで検診率の高さも変わってくるように思われますが、どうなんでしょうか。

毎年検査をすればほぼ早期で発見できる

さて、この間、がんの患者数で大腸がんがトップになったという事態を受けてMBSラジオ「近藤勝重のしあわせ散歩」と毎日新聞社（大阪）とのコラボ企画で、国立がんセンター名誉総長で日本対がん協会会長の垣添忠生先生と、東大病院放射線科准教授の中川恵一先生に語り合ってもらったのですが、お2人のこんなやりとりはとりわけ貴重でした。

垣添　実は私自身、大腸がん経験者です。最初に便潜血検査で陽性になった時、忙しかったので内視鏡検査を受けるのをうっかり忘れてしまいました。翌年も再び陽性になり、これはいけないとすぐに内視鏡検査を受けました。すると、ポリープが三つあり、そのまま内視鏡で切除。２週間後に、三つのうち直径１センチ超の一部に大腸がんがあったとの結果を聞いて、終わりでした。結局仕事は一日も休まずに済みました。もしその時放置しておけば何年か先にだんだん大きくなり浸潤がんになり、腸閉塞や、全身転移という状態になったかもしれません。

（略）

中川　病期によっては手術や、薬物療法や放射線治療を行うこともありますが、初期の場合は非常に簡単で済みます。胃のポリープはほとんどが良性なのに対し、大腸ポリープはがんの芽であることが多い。おおむねポリープが１〜２センチまでが早期がんで、小さながん細胞１個がそのぐらいの大きさになるのに約１〜２年。つまり毎年検査をすればほぼ早期で見つけられ、生存率も高いのです。

ぼくらはがんについてのあふれる情報を耳にし、テレビや雑誌でも特集が頻繁にされています。それでもどこかで人ごとに思っているのではないですか。自分は大丈夫だと。どこも痛まないし、こんなに元気だし、と思っているかもしれませんが、初期なら自覚症状はないことも多いのです。

がんで入院した人がいて、見舞い客が来る。がんで入院した人の方が早く亡くなるとは限りません。

早期発見したことで手術も思ったより簡単で早くに職場復帰もでき、励ましの言葉をかけていた見舞い客の方が検診を受けずにいたばかりに手遅れになり助からなかったというのは、ときに耳にする話です。

「お見舞いに来てくれたときはあんなに元気だったのに」

わかります、その気持ち。起こり得ることなのです。

日頃から病院や医師の情報を集めておく

検診の大事さ、わかってはいても、その気になれない。ぼくもそうです。検診となると他にもいろいろ受けなきゃならなくなって、あれこれ指摘されると面倒だと思うんですね。

ちょっと気になることをいわれて精密検査。この結果を待つ間のしんどさ。大丈夫だろうかと思う不安に体調を悪くすることだってあるかもしれません。

それだけじゃないですよね。担当してくれる医師の見立て、気になりますよね。熟練した医師なら痛くない検査も、経験不足の医師に当たってしまい大変なことになんて話も聞きます。

「近藤勝重のしあわせ散歩」ではときどきゲストに専門医の方々をお迎えして放送しています。

介護老人施設についてはドクターの立場から浜崎医院の濵﨑憲夫先生、生活の欧米化とがん、ヘルスリテラシーについては中川恵一先生、大腸がんの手術では名医として世界的に知られる大阪医科大附属病院がんセンター特務教授の奥田準二先生のインタビューもお届けしました。

内視鏡検査の最新情報としては、大阪医科大学第二内科の樋口和秀先生から、内視鏡は痛いのではないか、恥ずかしい、下剤は飲みたくないといったみなさんの不安に答えてもらっています。飲んだらあとは横になっているだけで全く痛みはないという検査の実際と、動くカプセル内視鏡についてもお聞きしました。

健康によりよい情報を得て自分で行動を決めていく力、すなわちヘルスリテラシーですが、検診を受ける病院も確かな情報を得てしっかり選んでください。

病気になってからではなく、日頃から、この疾患ならどこの病院のどの医師がいいのか情報を集めておく心がけは必要です。

ちょっと食べすぎてお腹が痛い、胃がもたれる、風邪かなと思ったときなど、これなら簡単な診察と投薬のみですみそうだという機会に病院を訪れてみる。よく話を聞いてくれるいい先生に出会えれば、健康診断や軽い症状のとき再度受診してみる。

顔を覚えてもらって話しやすい雰囲気ができると、他に気になる症状が出たときにも気軽に質問できそうです。

初対面の医師に自分のこれまでの病歴や体質、仕事や家族も含めての生活環境、性格、何もかもわかってもらうことはできません。話しやすい医師、よく説明をしてくれる医師と関係性を作っておく。そうすれば大病をしても、介護のときでも親身になってくれるのではないでしょうか。

いいかかりつけ医のいるありがたさ

過日も友人からこんな話を聞きました。知り合いの家のお父さんが心筋梗塞で倒れ救急車で公立の病院に運ばれました。難しい手術でしたが何とか一命をとりとめることができたものの、その後、他の病気も見つかり、その病院では長期入院できず転院することになりました。

さてどこの病院に……迷っている家族に担当医から、

「かかりつけの病院に戻られたらどうですか。転院先としては人気がある病院ですから何ヶ月待ちというのが多いのですが、元々のかかりつけなら受け入れてもらえるかもしれませんよ」

早速問い合わせ、家族が相談に行くと、

「うちの患者さんです。大丈夫、うちで治します。診察に来てくれるたびいろいろ話しましたが、お父さん、いい方ですよ。ぼく、あなたのお父さん、好きだなあ」

家族でも知らないようなお父さんのエピソードまで聞かせてくれたそうです。

その病院は系列の介護施設があり、リハビリが充実していて、高齢の患者さんにはいつかお世話になることがあったとしてもという安心感があるのでしょう、そうした理由でかかりつけにしている人も多いとのことでした。実際に転院したところ、行き届いた診察、看護、そしてリハビリも素晴らしかったといいます。

いい医師を1人知っていれば、違う診療科であっても相談に乗ってくれるし、紹介をしてくれる場合もあります。

ぼくの胃がんも、検査を受けずにいたら、また頼りになる医師にめぐりあっていなければ、この世に今いないかもしれません。

実は早期発見で助かったものの、がんのたちはよくなかったそうです。あとで知らされたことなのですが。病院へ駆け込むのが遅れていたらと考えると、検診—早期発見がどれほど大切か、思い知らされた気がしました。

1世紀を生き抜いてきた人たちの日々

センテナリアンのやっている健康法

百寿者、センテナリアンという言葉をよく聞くようになりました。1世紀以上、つまりセンチュリーを生き抜いてきた方々ですね。

日本人の平均寿命（2018〈平成30〉年）は、女性が87・32歳、男性は81・25歳です。

厚生労働省によりますと、100歳以上の高齢者は、調査を開始した1963（昭和38）年には153人を数えるだけだったのが、2019（令和元）年には初めて7万人を突破して7万1274人にのぼったとのことです。

WHO（世界保健機関）は介護を受けることなく日々暮らせる「健康寿命」を

提唱していますが、日本だと2016（平成28）年の健康寿命は男性が72・14歳、女性は74・79歳で、厚生労働省はこれも着実に伸びているとみています。

今や日本は世界に冠たる長寿国なのです。ですから、がんになる高齢者も多く、世界に冠たるがん大国でもあるわけですが、それはともかく平均寿命も健康寿命も延伸している状況を受けてのことでしょう、老いと健康法をめぐる特集が週刊誌に目立ちます。数年前からの傾向ですが、昨今、とくに顕著です。

中高年以上の読者を狙ってか、2019年10月6日号の「サンデー毎日」は、「増大号」と銘打って全国で話題の百寿者の秘密など、およそ50ページに及ぶ大特集を組んでいました。

ぼくがとくに興味深く読んだのは、厚生労働省が100歳以上の高齢者数と同時に公表した「地域で話題の高齢者」40人についての各市区町村の「一言紹介」です。個々に目を通すと、へー、そこまでおやりですか、とそれぞれの方の健康法が人生観とともにうかがえ、これはぜひこの本でも紹介したい、と以下、ぼくなりにまとめてみました。

とことん人生を楽しんで生きている。そんな感想を持ったのはこんな方々です（年齢表記のない方はすべて100歳です）。

ケーブルテレビの歌番組を観ながら毎日演歌を歌う（女）／友人との食事やサロン、コーラスなどに自分の足で出かけている（女、101歳）／2日に1度の割合でスーパー銭湯に行き、常連の友だちと会話する（男）……

趣味といえば民謡踊、大正琴などの芸事のほか、俳句づくり、短歌会に出席している女性、ゲートボール交流大会で最高齢者賞を受賞した男性、剣道、弓道の武道の有段者の男性など、本当にみなさんいろいろおやりです。

飲食へのこだわりもうかがえます。

大豆の煮豆を毎日食べる（男、104歳）／毎日1本ビールを飲むのが楽しみ（女）／塩分を控え、腹八分目（女）／豆乳を飲むのが日課（男）／昼食時、自身でコーヒーを入れる（女）／食事では家族と同じものを食べる（女）……

モットーや心がけていることもおありのようです。

転倒しない、風邪をひかないが合言葉（女）／自分のことは自分で（男）／いつも笑顔で（男）……

草取りスクワットでストレス軽減

健康法は主なものしかここに書けませんが、何かの集まりに参加して健康維持に努めている方もけっこういらっしゃいます。

笑いヨガやいきいき百歳体操（女）／毎日、スクワット、腕立て100回（男）／毎日往復1キロの散歩（女）／クロスワードパズルを解く（女）……

こちらがへー、そんなにと思ったのは草取りでした。単に「草取り」とあるほか当然草取りもする農作業や家庭菜園などを含めると40人中6人、全体の15％を占め、この人たちは日々草や土とふれあっている様子です。

エッセイストの岸本葉子さんの話ですが、がんで手術をして1年もたたないある夏の日に、マンションの小さな庭に下りて草むしりをしたとき、汗をかき、終わってきれいな庭を見たら爽快感があったそうです。草むしりとがんは直接関係ありません。しかし、ストレスの原因は取り除けなくても、ストレスを軽減することはできるのではないかと思った、とも。

確かに草取りをしている間は気がかりなことがあったとしても忘れていられるというのはありますよね。

草取りは心臓に持病をお持ちの方で心臓に負担がかかる方もいるでしょうし、腰が少し曲がっている方の中には進行させる原因となることもあるとも聞きます。ご自身の体調と相談されてのことでしょうが、センテナリアンの方々に草取りを生活習慣とされている方が多いというのは注目すべきことだと思います。

ぼくも畑での草取りを毎朝しているという知り合いの高齢の女性に聞いてみました。

「一心不乱になれるんです。何にも考えないで、それだけに集中する。嫌なことも忘れられます。草を取ったあとの畑を見ると、すっとして農作業にも力が入ります」

こんな効用も話してくれました。

「草取りでしゃがんだり、立ったりだからスクワットしているのに似てますよ。コンクリートではない土を踏んでいる感触もいいんですよ」

気持ちの良さはそれなりにわかるんですが、男性からは、「健康川柳」にこんな句をいただいています。

家出たが行く当てなくて草むしり　　和泉雄幸

気分転換にもいいんでしょうね。

話を戻して百寿者、センテナリアンの方々ですが、みなさんを紹介するひと言にふれつつ、男女問わず外向性、開放性が高い人たちが多そうだな、と思いました。〝老いの抜け道〟の生きた手引きがたくさんありそうですね。

限りある命を思い始めたときからの人生

長生きの秘訣は「気力」と「ほどほど」

群馬県前橋市の老人ホームで暮らしている糸井ミヤさんという女性が、明治44（1911）年5月1日生まれで、ちょうど令和元（2019）年5月1日に108歳になられました。〝時の人〟です。

地元の記者が明治、大正、昭和、平成、令和と生きてきた長生きの秘訣を尋ねると、「気力」とひと言答えたそうです。

そういえば百寿者として知られた双子のきんさん、ぎんさんも「気力」とよくおっしゃっていました。懐かしく思い出されます。

ぼくは長寿の方の取材では、その秘訣について質問していますが、言葉には共通するところがあります。「ほどほど」とおっしゃる方が多いんですね。

中間の無難さをイメージされるかもしれませんが、決してそうではありません。そこには、こう生きたいと願う自己の実現と、人生を楽しむライフスタイルの提案があるのです。

例えば「腹八分目に医者いらず」ということわざは、かなり抑制的な響きがありますが、現実の生活で実践したときのことを想像してみてください。おそらく八分目ですと、次の食事が待ち遠しくてならず、実際にその食事はなんでもおいしくいただけるはずです。

そうです。抑制的でありながら、それがちょうどいいわけで、「腹八分目」には実は幸せな食のすすめともいえるヒントが含まれているのです。

日本人は「ほど」によほどこだわってきたのでしょう。「過ぎたるはなお及ばざるがごとし」から始まって、「世の中は九分が十分」「六、七分の勝ちを十分となす」「十分はこぼれる」……「ほど」をといたことわざはほどほどどころか、山ほどあります。もう少し挙げてみましょうか。

- 分別過ぐれば愚に返る（必要以上に考えるのは良くない）
- 木強ければすなわち折れる
- 欲に頂なし
- 薬も過ぐれば毒となる（過度は害）

「気力」「ほどほど」そして、長寿の秘訣でほかによく聞くのは「好き嫌いなく」とか「いつも笑顔で」といった言葉です。長寿とともにストレスフリーのスキルを身につけられている印象です。

近道人生をやめてわかったこと

ぼくは最近、まいったな、とよくつぶやいています。散歩中、道端に立ちどまって空き地のハクモクレンや公園のサルスベリとか桜の木をじっと見つめたりしているとき、まいったな、と独りごちたりするんです。

こんなことをいうと照れますが、他者への思いと自分の中にある限りある命とがかかわって、生きとし生けるものに心が動くんでしょうか。

思い返すと、やっぱり胃がんを体験して多少はマシな人間になった気がします。

今、道に縁のあるタイトルの番組「近藤勝重のしあわせ散歩」でお話しさせていただいていますが、子どもの頃は遅刻しないよう河原を通って近道したりしてました。先生に見つかったら怒られるのにね。

新聞記者になってからも現場に着くまでの時間との競争でした。ナビなんかなかったですから。「前の鑑識の車、あれ逃がさんと後ろに付けて」などと声を上げ、スピードと近道を競った毎日でした。それで消耗して、その後も無理に無理を重ねた挙げ句、長期入院です。

退院後は歩く道も変わりました。本通りから横道に外れざるを得なくなりましたが、でも、寄り道、わき道を歩いてみて教えられるというか、おのずとわかることもありました。

番組のタイトルにある散歩というのは、ぶらぶら歩いてとくに目的もないわけです。それまでのぼくには、早く現場にという競争社会の中でいましたから、目的がない日なんてなかったんです。

夜の盛り場からすっかり遠のきました。お酒もやめました。やめざるを得なかったですから。それからはこの日、この風、この朝日と、そんな気持ちで朝夕歩くようになりました。家の近くの公園や海辺の松林などです。

仏壇に花を供えたり、テーブルに一輪の花を飾ったり、花が日々の生活に欠かせないものになりました。

こんな話をすると、かつての同僚も「変わったな」と内心思うでしょうが、これが現役第一線のときの話であれば、「近藤、大丈夫かな。妙なことといってるぞ」と案じたかもしれませんね。

とにかく近道を競っていた頃は、あらねばならぬ、英語でいえばマストの日々でした。それが、しないですむなら無理しないようにしようと、そんなふうに変わってきました。

たぶんにそれは免疫力を左右する自律神経自体が発している声でもあるのでしょう。「お前、これ以上走ったら死ぬぞ」と。

といって、まったく無理をしないというわけではありませんが、加減、ほど、調子、都合、塩加減とか調節の具合はいろいろありますよね。その必要性がわかるようになったんでしょう。

市川平三郎先生の「かきくけこ健康法」

昨今は平均寿命も延び、みなさん随分若返った印象です。

65歳で高齢者といういい方をしますが、内閣府の「平成26年度高齢社会白書」によると、75歳以上でもいいんじゃないかと4分の1くらいの人が思っていて、一番多いのが70歳以上という回答です。75歳以上と答える方が年々増え、80歳以上でもOKという方もわずかながらいらっしゃいます。

日本老年学会・日本老年医学会が2017年、「高齢者は75歳以上に」と提言していますが、それは健康に関するデータ分析で65歳以上の体の状態や知的機能が、10〜20年前に比べて5〜10歳ほど若返っているということを根拠にしてのものです。

スポーツ庁も65歳以上の方を対象に体力、運動能力を毎年全国的に継続調査していますが、この20年（1998〜2018年）の間に男性は5歳以上、女性は10歳程度若返っているとのことです。

といって自分自身を老いたと感じることがみなさんからなくなったわけではありません。こんなことを思ったりもするんですね。「健康川柳」にいただいた一句です。

お若いと言われるほどに老いたのか　　徳留節

ぼくは免疫力のことなども考え、毎日納豆を食べています。やめられません。冷蔵庫にないと落ち着かないほどの納豆男です。納豆を食べてなかった頃と比べて、身体の調子がよくなっているのが1ヶ月くらいでわかりましたからね。

みなさんも健康法をそれぞれお持ちだと思いますが、国立がんセンター名誉院長だった市川平三郎先生が提唱していた「かきくけこ健康法」など、もっと広まればいいなあと思っています。

か＝風邪ひくな
き＝気を病むな
く＝食い意地をはるな
け＝検査を受けよう

こ＝ころばないで

大脳生理学者の大島清さんは「こ」は「恋心」とおっしゃっていました。それも捨て難いですね。

「かきくけこ健康法」の「ころばないで」などは、とっても大事な指摘なんです。長寿を研究している東京都老人総合研究所の諸先生にうかがうと、「120歳まで生きられるかどうかは、元気に歩けるかどうかにかかっている」という話でしたから。

笑えば若返る

他にも若返りをかねたおすすめの言葉を紹介しておきましょう。

「一怒一老一笑一少」

一回怒ればひとつ年を取り、一回笑えばひとつ若返る。要は笑えば若返ることができるのです。笑うのにお金はかかりませんし、今すぐでもできます。一日に何回も怒っていたら一気に老け込むでしょう。不機嫌を撒き散らすより笑顔を振りまくほうがいいですよね。

笑顔は思いのほか印象に残るものです。あのときのあの笑顔、そんなふうに思い出すことも結構あるんじゃないでしょうか。

いつも笑顔で迎えてくれた喫茶店のマスターだったり、笑顔で声をかけてくれた近所のお姉さん、家族、友だち、上司、同僚、いろいろな人の笑顔、人だけじゃなく犬の笑顔もありますよね。

どういうわけか、犬と飼い主のご面相、似ていますよね。丸顔、鼻ぺちゃ、全体にぐしゃぐしゃとしたシーズーの頭を撫でながら、飼い主のおばさんの顔を見て、何気なくいってしまったのです。

「君はお母さん似だね」

すると、おばさんは「よくいわれるんです」とうれしそうにいい、さらに顔をくしゃくしゃにして「何で似るんですかねえ」と笑っていました。

この話、ぼくの持ちネタのひとつで、書いたり、しゃべったり、よく紹介するんですが、みなさん、本当によく笑ってくれます。

あのシーズーにまた会いたいなあ。

体力の衰えは精神の衰えにはつながりません

小さな喜びを大きくかみしめる

さて、本書もこれが最終の項です。本の原稿って結構集中力が要るんです。何かしながら、というわけにはいきませんので。

集中というと「集中力を養う」といったり、何か良いことのように思われています。集中してこそ得られるもの、確かにいろいろあります。

ですが、脳が働きすぎると、脳疲労となって、とりわけ自律神経には良くありません。免疫力の低下も招くでしょうが、そのあたりのことは他の項でふれたとおりです。

もちろん限度を超えない集中であれば、呼吸を整え、心や体にもプラスに働きます。目を閉じて心を静める瞑想などは、雑念を払って一心に集中させる効果で知られ、健康法としても普及しています。

手元に作家でコンサルタントの佐藤智恵さんが著した『スタンフォードでいちばん人気の授業』があります。雑念を取り払い、今に集中することでストレスや痛みなどを和らげる「マインドフルネス」の効果が多面的に紹介されています。

ぼくがとくに興味を覚えたのは、マインドフルネスと、いわゆる注意散漫状態のマインドワンダリングとの比較で「人間が最も幸せだと感じるのは何をしているときだろうか」と問うた内容です。ハーバード大学のダニエル・ギルバート教授らの調査研究として次のようなことが報告されています。

普通に考えれば「休憩している時間」が最も幸福度が高そうだが、結果はその逆。幸福度が高かったのは、性行為、運動、会話など、何か1つのことに集中していた時間帯で、幸福度が低かったのは、マインドワンダリング状態だったとき、つまり、休憩していた、何か単純作業をしていた、自宅でパソコンを使っていた時間帯だった。「マインドワンダリングとは心が不幸な状態」とギルバート教授らは結論づけている。

またスタンフォード大学経営大学院で人気の高い、「マインドフルネスと思いやりのリーダーシップ」の授業を教えるリア・ワイス博士が、職場でのストレス解消法として次の4点を挙げているのも印象に残りました。

①一回、深呼吸をする
②ネガティブな感情を客観的に受けとめる
③嫌なことをいう人たちも自分と同じ心や体をもつ人間だと思い、相手を思いやる
④小さな喜びを大きくかみしめる

④の指摘など、心がけたいですね。
話を戻して過度の集中ですが、NHK Eテレの健康番組を見ていたら、脳の医学者が女性のライターに、同じ姿勢で書き続けるのは50分が限度▽眠る前の2時間は何もしない――などのアドバイスを与えていました。

脳についての本は好きで、よく読みます。大切に思えることはメモして実践したりもしていますが、日本認知症学会認定専門医・指導医の奥村歩先生の『脳の老化を99%遅らせる方法』にある「(脳のネットワークシステムは)〝集中〟と〝ぼんやり〟をしなやかに切り替えながら、わたしたちの脳回路をつながりやすくしているのです」〈( )内筆者注〉のくだりにはうなずきつつ、先生がすすめる「お風呂で〝今日一日〟をぼんやり振り返る」は本を読んだその日から実践しています。

ボーッとする。今日《こんにち》のように暇があればスマホといったIT依存の世では、とくに大切なひとときのように思えますね。

未老人のすすめ

ところで、ぼくは70歳を過ぎた頃から次の3点をとくに意識して実践し、心の豊かさや長寿にもつながれば、と願ってきました。

その1　作家諸氏がエッセイなどに書く〝生を感受した一節〟などは自らも想像したり、可能なら体験してみる。そんな作品例を挙げておきましょう。

吉本ばなな『イヤシノウタ』

鳥は世界に朝と夕方を告げるためにこの世にいるのかと思っていた。そのために神様が創ったものなのだと。

でももっと違う意味があると気づいた。

鳥は世界をその声で清めるために存在しているのだ。
鳥たちが毎日絶え間なく清めているから、世界は美しいのだと。
だから鳥が鳴いてくれているときは、ありがとうと思うようになった。

遠藤周作『変るものと変らぬもの』
病室の窓から大きな欅の木が見えた。私は自分の弱い体を思うと、樹齢百年ぐらいのその木が羨ましくてならなかった。
手術までの二ヵ月、毎日、その木に話しかけた。「君の長い命の力を手術の時、少しわけてくれないかな」とたのんだのをおぼえている。そして手術は成功し、以来、心のどこかに人間と植物には何か眼にみえぬ対等の交流がありうるのではないかという気持が残った。しかしそんなことを言えば人に笑われるだろうから黙っていた。

その2　時計が刻む時間ではなく、自分なりの時間感覚で日々を過ごす。

フランスの哲学者、ベルグソンは「時間は一人ひとりの人間が経験し、実感するものだ」と考えていました。自分の外側で流れている時間もあれば、自分の内側で流れている時間もある。定年後の人生なら、ベルグソンがいうところの外の時間とは無関係に、自由な自分時間で日々の行動を決めればいいんじゃないでしょうか。

「『何食べる』3回聞いて日が暮れる　三崎伴子」という川柳をいただいていますが、軽ーく表現すればこの感覚ですよね。

文系的頭脳の天才と理系的頭脳の天才による雑談と評された、評論家、小林秀雄と数学者、岡潔が語り合った『人間の建設』にこんなやりとりがあります。

小林　（前略）私の素人考えを申しますと、ベルグソンという人は、時間というものを一生懸命考えた思想家なんですよ。けっきょくベルグソンの考えていた時間は、ぼくたちが生きる時間なんです。自分が生きてわかる時間なんです。そういうものがほんとうの時間だとあの人は考えていたわけです。

岡　当然そうですね。そうあるべきです。

その3　これからは年齢フリーで。

80歳を超えた作家、黒井千次さんが「70代の体力はこの12年の間に5歳ほど若返った――」と報じる新聞を見て、著書『老いの味わい』にこう書いています。

自分がそのあたりの年齢を過して来たばかりであるために、七十代の体力が昔に比して著しく向上していると知らされると、それだけで元気が湧いて来るような気分を覚える。（中略）

いずれにしても、昔の老人めいた枠の中に自分を押し込んで、もう年寄りだからと枯れたような真似をするより、まだ体力は五歳も若いのだから、と胸を張って歩くほうが遥かに好ましく思われる。

こういう例を書きだすと際限がありません。みなさんもお考えください。体力が衰えたからといって、精神の衰えには決してつながりません。

そうそう、黒井さんは同じ本に「涼しい顔をして歩いているもう若くはない男性達とは、この五歳ばかり若返った〈未老人〉なのだろう、と想像された」とも書いていました。

未老人。老いの細道を抜け出た人たちの呼称にいいかもしれませんね。

最後に断っておきますが、ぼくは「老人」にも「老」にも捨て難い味を感じています。あり得ないことですが、ヘミングウェイの小説『老人と海』(〝The Old Man and the Sea〟)を『高齢者と海』と言いかえては興ざめですし、「老」の意味も深いですよね。

ですが、第一線で働く65歳以上の人を「老人」と呼ぶのは何かためらわれます。

そう呼ばれた方も抵抗感があるかもしれません。元気な高齢者を表すアクティブシニアなどは昨今よく聞きますが、今後、高齢化社会ならではの新語もいろいろ出てくることでしょう。

呼称はどうあれ、人間誰しも年を重ね、老いの道へと入っていきます。もちろんその老い方は〈「はじめに」に代えて〉でふれたとおり人それぞれ、多様です。

ぼくにはそのことが実に興味深いことに思えます。〝老いの抜け道〟に分け入って、少しでも長く、面白がって生きられればと念じております。

おわりに

本書は日曜夜のMBSラジオ（毎日放送）「近藤勝重のしあわせ散歩」という番組のコラムのコーナー「こころのスイッチ」で取り上げた内容を素材として生かす一方、新たなテーマもたくさん盛り込み、一から改めて書き下ろしたものです。ラジオでおしゃべりした内容は、フリーライターの亀宝《きほう》リサさんに整理をお願いしました。データもいろいろ補足してくださり、ありがたく思っております。

最後になりましたが、幻冬舎の福島広司さん、前田香織さん、また番組でおしゃべりの相手をしてくれた水野晶子さんや番組スタッフのみなさんに力をいただいての一冊と感謝しております。

近藤勝重

〈著者プロフィール〉

近藤勝重（こんどう・かつしげ）

コラムニスト。毎日新聞客員編集委員。早稲田大学政治経済学部卒業後の1969年毎日新聞社に入社。論説委員、「サンデー毎日」編集長、専門編集委員などを歴任。毎日新聞(大阪)では大人気企画「近藤流健康川柳」の選者を務めている。10万部突破のベストセラー『書くことが思いつかない人のための文章教室』ほか、『必ず書ける「3つが基本」の文章術』(ともに幻冬舎新書)など著書多数。毎日新聞夕刊に長年連載してきたコラムや著書の一部が中学校の教科書(道徳)や灘中学校をはじめ中高一貫校の国語の入試問題に使用されるなど、わかりやすく端正な文章には定評がある。MBSラジオ「しあわせの五・七・五」「近藤勝重のしあわせ散歩～寄り道していこう～」にレギュラー出演中。

近藤勝重流　老いの抜け道

2020年2月5日　第1刷発行

著　者　近藤勝重
発行人　見城 徹
編集人　福島広司
編集者　前田香織

発行所　株式会社 幻冬舎
〒151-0051　東京都渋谷区千駄ヶ谷4-9-7

電話　03(5411)6211(編集)
03(5411)6222(営業)
振替　00120-8-767643
印刷・製本所　図書印刷株式会社

検印廃止

ISBN978-4-344-03565-2 C0095
幻冬舎ホームページアドレス　https://www.gentosha.co.jp/

この本に関するご意見・ご感想をメールでお寄せいただく場合は、
comment@gentosha.co.jpまで。